둘이 아닌 마음,
신심

둘이 아닌 마음, 신심

1판 1쇄 인쇄	2024년 11월 28일
1판 1쇄 발행	2024년 12월 5일

엮은이	《법보신문》 편집국
발행인	원명

대표	남배현
본부장	모지희
편집	손소전 김옥자
디자인	정면
경영지원	허선아
마케팅	서영주

펴낸곳	조계종출판사
주소	서울시 종로구 삼봉로 81 두산위브파빌리온 1308호
전화	02-720-6107
전송	02-733-6708
이메일	jogyebooks@naver.com
등록	제2007-000078호(2007.04.27)
구입문의	불교전문서점 향전(www.jbbook.co.kr) 02-2031-2070

ISBN	979-11-5580-243-4 03220

책값은 뒤표지에 있습니다.
저작자의 허락 없이 일부 또는 전부를 복제·복사하거나 내용을 변형하여 사용하는 것을 금합니다.
이 책의 내용 전부 또는 일부를 사용하려면 반드시 저자와 출판사의 서면 동의를 받아야 합니다.
조계종출판사의 수익금은 포교·교육 기금으로 활용됩니다.

조계종 출판사 지혜와 자비의 눈으로 세상을 바라봅니다.

대한불교조계종
제11회 신행수기 공모 당선작

둘이 아닌
마음,
신
심

조계종
출판사

| 추천의 글 |

신행과 수행의 올바른 이정표

신행수기 공모전에서 수상하신 모든 분에게 먼저 축하의 말씀을 드립니다. 신행수기는 불자님들께서 기도와 수행, 그리고 다양한 신행 활동으로 절망과 갈등, 온갖 어려움을 딛고 일어선 가슴 절절한 사연입니다. 이러한 이야기들을 통해 우리는 불보살님의 가피와 함께 불자로서의 바른 삶과 우리를 평안하고 행복한 삶으로 이끌어줄 수 있음을 거듭 확인하게 됩니다. 또 비슷한 상황에 놓인 분들에게는 희망이 되고 신행과 수행의 바른 이정표가 될 수 있을 것입니다.

살다 보면 좋다고 생각한 일이 좋지 않을 수 있고, 좋지 않다고 여겼지만 좋은 일로 이어지기도 합니다. 그것을 어떻게 받아들이냐에 따라 좋은 일이 되거나, 나쁜 일이 될 수도 있습니다. 죽을 만큼 힘겹고 고통스럽게 와닿는 사건이나 번민 등이 가장 큰 가피가 되기도 합니다. 오늘 상을 받으신 여러분의 사연들이 이를 구체적으로 증명하고 있다고 할 수 있습니다.

올해 대상을 받은 강현주 불자님은 내 것과 우리 가족에만 머무르던 기복신앙에서 한 걸음 더 나아가 천도재를 준비하는 재 바라지 봉사를 통해 영가까지도 행복해지는 보살행으로 나아가게 됐음을 감동적으로 보여주고 있습니다. 또 불교에 대한 오래된 편견을 깨고 이 세상 만물이 둘이 아님과 우주 만물의 존재 원리가 중도연기임을, 이대로의 내가 본래 부처임을 알아가는 사연 등등 한 편 한 편 모두 현대판 불교 영험담이 아닐 수 없습니다. 이와 더불어 자신을 성찰하고 참회하며, 이웃과 사회와 함께하겠다는 발원문도 무명으로 혼탁해진 우리의 업을 맑히는 수청주(水淸珠)라 할 수 있을 것입니다.

선종의 제3조 승찬대사께서는 『신심명』에서 '부처님을 믿는 마음은 둘이 아니고 둘 아님이 부처님을 믿는 마음이다(信心不二 不二信心)'라고 하셨습니다. 신심은 부처님을 믿는 마음입니다. 그러나 부처님을 무작정 믿는 것을 의미하지는 않습니다. 진정으로 부처님을 믿는 마음은 부처님의 말씀을 충분하게 이해하여 믿어야 하고, 부처님의 말씀대로 올곧게 살아가야 합니다.

신행 생활의 핵심은 부처님의 가르침을 올바르게 믿고, 올바르게 이해하며, 올바르게 실천하는 데에 있습니다. 그런 점에서 신행수기 수상자 여러분은 가장 모범적인 불자라고 할 수 있습니다. 앞으로도 각자 처한 곳에서 불자로서 바른 삶을 살아감으로써 우리 사회를 맑게 하고 보다 살기 좋은 세상을 만드는 데 앞장서주시기를 당부드립니다.

대한불교조계종 총무원장 진우

| 추천의 글 |

이타행을 실천하는 참된 불자의 본보기

❖

제11회 대한불교조계종 신행수기 공모전에 당선되신 수상자 여러분, 진심으로 축하드립니다. 더불어 11년째 신행수기 공모가 원만히 진행될 수 있도록 준비해주신 법보신문과 불교방송 관계자분들, 신행수기 심사위원회 여러분, 그리고 용기 있게 자신의 이야기를 들려주신 모든 참가자분들께도 감사의 인사를 드립니다.

해를 거듭할수록 다양한 소재의 신행담과 진정성 있는 개인의 경험이 좋은 글로 완성되어 많은 불자들에게 감동과 귀감이 되고 있습니다. 특히 올해는 자신이 아닌 타인을 위한 기도와 발원으로 이타행을 실천하는 참된 불자들을 보며 큰 감명을 받을 수 있었습니다.

여러분들이 꾹꾹 눌러 쓴 글에서 우리는 개인의 체험보다는 불법이라는 고귀한 가르침을 만나고 있습니다. 누군가에겐 절망과 시련 속 따뜻한 위로가 되며, 참된 불자의 길을 안내해주는 환한 등불이자 올바른 방향을 제시하는 삶의 지표가 됩니다.

이런 여러분의 소중한 이야기가 보다 많은 이에게 닿아 참된 신심과 가피가 이 땅에 널리 퍼지길 기대하며, 다시 한 번 수상자 여러분들께 감사와 축하의 말씀을 드립니다.

앞으로도 신행수기 공모전이 더욱 활성화되어 불자들의 신심 고취와 바람직한 신행 문화에 계속 기여할 수 있기를 발원합니다.

대한불교조계종 중앙신도회장 정원주

| 머리글 |

앎에 그치지 않고 실천으로 나아가는 삶

❖

제11회 조계종 신행수기·발원문 공모에서 수상의 영광을 안으신 수상자들께 먼저 축하의 말씀을 드립니다. 이번 공모는 불자들의 간절한 신심과 헌신적인 실천이 빚어낸 감동적인 기록으로, 한국 불교 신행 문화의 깊이를 더하는 소중한 계기가 되었습니다.

신행수기는 단순히 글로 남긴 기록이 아닙니다. 매일 성실하고 간절히 살아내면서 몸과 마음에 새긴 실천과 체험의 기록입니다. 신행은 부처님의 가르침을 단순히 아는 데 그치지 않고, 일상에서 이를 실천하며 삶으로 구현하는 여정입니다. 그렇기에 신행수기에 담긴 이야기들은 경전 속 이론이 아닌, 땀과 눈물로 이룬 생생한 가르침이 되어 깊은 감동을 전합니다.

대승불교에서 보살은 모두 큰 행원을 품고 있습니다. 불자들의 발원문은 보살의 무량한 행원으로 향하는 초발심입니다. 간절한 마음으로 일으킨 발원이 이내 굳건한 서원이 되고, 마침내는 나와 중생을 함께 구제하는 원대한 행원이 됩니다. 절박한 상황에 직면해야 간절한 마음이 일어나듯이 발원문 또한 절박함에서 간절한 다짐이 일어납니다. 그 간절한 마음에서 척박한 땅을 옥토로 가꾸는 원력이 피어오릅니다. 수상자들의 발원문에 담긴 내용은 바로 그 간절함이 불러일으킨 불퇴전의 원력이며 또한 위대한 서원입니다.

수상의 영광을 안은 발원문을 나의 원력으로 삼고, 신행수기를 통해 보여준 금강 같은 신심과 물러서지 않는 정진, 그리고 이 모든 것을 자비심으로 회향하는 그 삶을 따라간다면 이 땅이 바로 정토가 되고, 있는 그대로 아름다운 화엄의 세계가 되지 않을까 생각합니다.

신행수기 대상인 총무원장상을 받은 강현주 불자의 〈영가시여, 극락왕생하소서!〉는 이름도 얼굴도 모르는 영가들의 극락왕생을 발원하며 묵묵히 봉사하는 모습에서 지옥 중생까지도 남김없이

구원하겠다는 지장보살의 자비심이 어떤 것인지 실천으로 보여주었습니다.

발원문 대상인 교육원장을 수상한 이란희 불자의 〈부처님의 정법 제자가 되겠습니다〉는 잘못을 참회하고, 진리로 세상을 보며, 보살의 원력으로 세상을 살아가겠다는 발원을 아름다운 표현과 절절한 마음으로 잘 담아냈습니다.

신행수기 수상작들을 보면서 보현보살의 10대원인 보현행원을 떠올리지 않을 수 없었습니다. 부처님을 예경하고 찬탄하며 공양 올리고, 지은 업장을 참회하며, 다른 이의 공덕을 기뻐하고, 법을 설해주길 청하며, 부처님께서 이 땅에 오래 머물기를 간청하고, 부처님을 따라 배워 부처님처럼 살며, 언제나 중생과 함께하겠다는 것이 보현보살의 행원입니다. 이런 행원의 구체적인 실천행들이 수상작들에 하나하나 담겨 샛별처럼 빛나고 있습니다. 그런 의미에서 신행수기와 발원문은 참 불자의 신실한 삶의 모습이며 생생히 살아 있는 법문이라고 할 것입니다.

앞으로도 신행수기와 발원문이 한국불교의 바른 신행 문화의

좌표가 되리라 믿습니다. 더불어 이 책이 모든 불자에게 보살의 길을 밝히는 안내가 되고, 나아가 이 땅을 정토로 변화시키는 작은 등불이 되기를 바랍니다.

법보신문 대표 이재형

차례

추천의 글
신행과 수행의 올바른 이정표
진우 스님(대한불교조계종 총무원장) … 05

이타행을 실천하는 참된 불자의 본보기
도해 정원주(대한불교조계종 중앙신도회장) … 08

머리글
앎에 그치지 않고 실천으로 나아가는 삶
이재형(법보신문 대표) … 10

1부 마음을 비우고 스스로를 비추다

영가시여, 극락왕생하소서! | 강현주(일명) … 18
화두선 명상 수행을 하면서 | 백희인(청량심) … 30
녹색 할머니의 촌음 | 이경임(보광행) … 43
질끈 감았던 눈을 떴을 때 | 장윤선(해인심) … 53
부처님 말씀 있는 그 자리가 내 삶의 찬란한 봄이다 | 손예원(명경화) … 64

2부 도를 닦는 사람은 마음을 취한다

한 생각이 일어나매 | 박해용(묵연) … 78
완전한 불자가 되어간다는 의미를 깨닫다 | 김여원(진여래) … 89

군 입대와 초발심 | 이세상(원명) … 99
청년 불자들의 산실, 상월청년회 활동을 회고하며 | 김서윤(묘명) … 109
오늘도 묵묵히 내 마음 안의 부처님을 의지하면서 | 김동자(바라밀) … 118
찬불가 선율을 타고 흐르는 엄마의 음성 | 김민정(보승지) … 128

3부 ✿ 간절한 마음으로 깨달음을 얻다

삶이 세상에 미치는 영향 | 구○○ … 140
기도 또 기도 | 박○○ … 150
밝게 빛나는 연등처럼 | 신○○ … 159
무재칠시를 행하는 삶 | 김○○ … 166

4부 ✿ 마음과 부처와 중생은 서로 차별이 없다

부처님의 정법 제자가 되겠습니다 | 이란희(자비화) … 176
날마다 기도하기 좋은 날 | 이미례(보현화) … 182
자비심으로 영롱한 불국토 이루길 | 배수선(보현행) … 186
반야 지혜의 문을 열어주시옵소서 | 송병화(반야행) … 191
불교를 실천하는 참사람 되겠습니다 | 김○○ … 194
진흙탕 같은 사바에서 연꽃으로 피어나기를 | 김민성(관법) … 199

총평   신행수기·발원문 심사평 … 202

꽃향기는 바람을 거슬러 가지 못하지만
선하고 어진 사람의 향기는
바람을 거슬러 사방으로 퍼진다.

_법구경

1부

마음을 비우고 스스로를 비추다

| 총무원장상 |

영가시여, 극락왕생하소서!

일명(溢明) 강현주

50대 중반이 되어서야 알 듯 말 듯 내 마음속에 타오르는 불성(佛性)을 느끼며 지난날의 신행 생활을 돌이켜 생각해본다. 무릎이 닳도록 절도 해보았고 눈이 시릴 만큼 눈물을 닦아가며 경전 독송도 했었다. '열심히'라는 말이 무색할 만큼 '기도의 달인'으로, '가피의 달인'으로 스스로를 보듬으며 칭찬도 해주었다. 기쁠 때도 부처님과 함께하고 슬플 때도 부처님과 함께했다.

그러나 지금 내 마음속엔 무엇인가 부족하고 이것을 알아차려야 한 걸음 내디딜 수 있는 공부가 될 것 같은 생각에, 답답함은 나도 모르게 허탈함과 공허함으로 바뀌어 '휴' 하는 작은 한숨 소리가 밀려 나온다. 그러면서도 수학 문제 풀 듯 정답을 찾으려 애쓰는 내 모습이 한심하다는 생각이 들어 쓴웃음이 절로 난다.

그동안 부처님이 만들어주신 그늘에서 기쁘고 감사한 일이 얼마나 많았는데 '그래! 칭찬해줄 만하지' 하며 스스로 치켜세워보기도 했으나, 한심하다는 생각을 내려놓을 수 없어 며칠간 복잡한 생각이 쉬 머리를 떠나지 않는다.

"엄마는 부처님이
나보다 좋아?"

지금도 생각난다. 초등학교 다니는 아이들의 밥상을 차려두고 "미안해. 엄마는 절에 다녀올게" 하고 불안한 마음을 애써 감추며 아이들만 두고 도망치듯 절로 향하던 그때도 내 마음은 편치만은 않았다.

오후 시간에는 어린이집을 출근해야 해서 미리 아이들에게 양해를 구했지만 "엄마는 부처님이 제일 좋아? 나보다?"라는 투정 섞인 말을 딸아이에게 들어야 했다. 그런 동생의 눈치를 보며 "엄마, 내 기도 제일 많이 해야 해!"라면서 내게 걱정 말라는 듯 동생 잘 챙기겠다며 눈을 찡긋하고 웃어주는 큰아들이 한없이 고마웠다. 하지만 아이들이 아직 어려서 '이래도 되나?' 하는 걱정이 아주 없지는 않았다.

그럼에도 절을 향해 운전하며 '그래, 내가 놀러 가는 것도 아니고 부처님께 기도드리러 가는 건데, 누구를 위해 이렇게 열심히 기도하는데…' 혼잣말을 중얼거리며 스스로를 위로했다. 예전에 친정 어머니가 우리를 위해 그랬던 것처럼 부처님께 우리 아이들을 부탁드렸다.

"나무아미타불, 나무아미타불, 나무아미타불."

이렇듯 기도를 위해서라면 내 자식도 뒷전이 될 만큼 자타공인 신심 있는 불자였다. 하지만 지금 생각하면 내 가족, 내 것에만 집중하고 부처님을 마치 만병통치약인 양 기복신앙에 머무른, 그저 그릇 작은 불자에 지나지 않았다. 그렇게 알 듯 말 듯한 내 마음에 대한 자책과 답답함을 남긴 채 그날도 부처님께 귀의함을 위로 삼으며 절에 도착했다.

재 바라지 봉사를 시작하다

대웅전에서 부처님께 삼배를 드리고 가부좌하고 명상을 하려는데, 항상 그랬듯이 한 거사님이 바쁜 가운데 정성껏 천도재를 준비하며 과일을 닦고 계신 모습이 눈에 띄었다. 그날은 유난히 그 모습이 참으로 정성스럽게 보였다.

'그래! 이거야!'

한동안 방황했던 내 마음이 정답을 찾은 듯 두 눈이 번쩍 뜨였다.

그날부터 과일을 닦고 천도재 상을 준비하는 재 바라지 봉사를 시작으로 '이타심', '이타행'을 비로소 깨달아갔다. '원공법계제중생 자타일시성불도(원하옵건대 온 법계의 모든 중생과 나와 남이 일시에 불도를 이룰 수 있게 하시옵소서)'를 발원하는 나에게, "이제 공부할 때가 되었다"는 부처님의 원력 어린 말씀이 귓가에 들리는 듯했다.

지난 세월 심신 있는 불자로 살았다고 여겼지만 우주 법계에 두루 회향하지 못하고 기복신앙에 멈춰 있던 나를 부처님께서 큰 그릇으로 만들어주시고자 그동안의 신행 생활에 '방황'이라는 숙제를 주신 것 같다는 생각이 들었다.

부처님!
부처님의 부끄럽지 않은 불제자가 되겠습니다.
꼭! 나보다 남을 먼저 생각하는 사람이 되겠습니다.
어디서든 잘 쓰이는 사람이 되겠습니다.
원공법계제중생 자타일시성불도.

이렇게 부처님께 발원하고 '이타심'의 마음으로 '이타행'을 실천하겠다고 부처님께 천일기도를 약속드린 뒤 내 삶에는 많은 변화가 일어났다. 나는 천일기도 동안 재 바라지 봉사를 계속했고, 내 도움이 필요한 곳은 어디든 감사한 마음으로 도와드렸다.

신기하게도 눈에 보이는 부족한 곳은 내 손길이 닿으면 채워졌고 깨끗해졌다. 나를 내려놓고 멀리 내다보는 순간 모든 사물이 다르게 보였다. 모두가 사랑스러웠고 미움과 원망도 사라졌다. '이타행'을 실천하고 집으로 돌아가는 길은 환희심에 마음이 벅차고 행복했다. 극락이 따로 없이 내 마음이 극락이었다.

아! 부처님, 부처님 감사합니다.
오늘의 제가 있게 해주셔서 감사합니다.
나무아미타불, 나무아미타불, 나무아미타불.

천일기도 중 '현증가피(顯證加被)' '몽중가피(夢中加被)' '명훈가피(冥勳加被)' 부처님께서는 부족하고도 모자람 많은 나에게 이 모든 가피를 보여주셨고, 나의 발원 '원공법계제중생 자타일시성불도'를 향하여 힘차게 나아갈 수 있도록 원력의 힘을 나누어주셨다.

불보살님의 보호를
경험한 순간

그날도 천도재를 마치고 운전을 해서 집으로 돌아가는 길이었다. 큰 도로로 진입하려는데 언덕 위에 누런 개 한 마리가 보였다.

"어? 개가 왜 저기 있지? 길을 건너려고 하나?"

위험한 곳이라 개가 걱정되어 바로 좌회전하지 못했다. '차를 세우고 개를 다른 곳으로 보내야 하나?' 이 생각 저 생각을 하다가 상황이 여의치 않아 그냥 좌회전하려던 그 순간, 큰 덤프트럭이 바로 내 앞을 지나갔다.

헉! 소리와 함께 트럭을 보내고 좌회전하면서 개가 걱정되어 백미러를 보니 그 개는 온데간데없었다. 그제야 안도의 한숨이 내쉬어졌다. 그때 내 머릿속에 스치는 생각! 바로 부처님의 '현증가피'였다.

만약 개가 언덕 위에 없었으면? 시간을 지체하지 않았다면? 바로 좌회전을 했다면? 분명 큰 사고로 이어졌을 것이다. 어쩌면 그 개가 나에게 고마움을 전해주시는 영가님이었는지도 모른다.

"영가시여, 극락왕생하소서! 나무아미타불, 나무아미타불, 나무아미타불."

이렇게 '현증가피'를 경험하고 부처님께 감사 기도를 드렸다.

살아 있음에
감사하라

재상(齋床)을 정성껏 차리고 영가님께 극락왕생 발원과 삼배를 마치고 나면 마음이 참으로 뿌듯하고 보람도 느껴졌다. 영가 한 분 한 분이 그렇게 고울 수가 없고, 말 잘 듣는 어린이집 아이처럼 예뻤다. 혼자서는 아무것도 할 수 없지만 선생님의 사랑을 받고 쑥쑥 자라는 아이처럼, 부처님의 원력과 사랑으로 반야 지혜를 얻어 극락왕생하는 것처럼 삶과 죽음은 한 끗 차이가 아닌 공(空)이라는 것을 깨달았다.

특히 어린아이 영가님 잿날에는 아이들이 좋아하는 과자, 초콜릿, 사탕으로 간식을 차려놓고 엄마의 마음으로 기도했다. 맛있게 간식을 먹으며 좋아할 아이의 행복해하는 모습이 떠오르기도 했다. 뭔지 모를 기쁨과 아픔이 교차했다.

"영가시여, 극락왕생하소서!"

영정사진 열 분이면 노환으로 돌아가신 영가님은 다섯 분이나 될까? 그 전엔 미처 몰랐다. "살아 있음에 감사하라"는 법문 말씀을 이제야 깨닫게 된다.

"나무아미타불, 나무아미타불, 나무아미타불."

가끔 꿈에 단아하게 상복을 차려입은 영가님이 나타나셔서 나에게 고맙다며 인사하기도 하고, 49재 마지막재를 알려주는 영가님도 계셨다. 또 온몸에 하얀 붕대를 두르고 몸의 가장자리에 초록빛을 은은하게 띠며 신발을 신고 나가는 영가님을 보기도 한다. 그럼 '아! 오늘 49재 마재가 있는 날이구나' 하고 영가님의 메시지를 알아차렸다. 신기하고도 신기했지만 영가님이 내 정성을 알아주시는 것 같아 감사했다. 실제로 그날은 초록색 영정사진 테두리를 한 영가님의 막재 날이었다.

 탈상으로 영정사진이 나갈 때면 서운함에 눈가가 촉촉해진 적도 있지만 극락왕생하리라는 믿음을 갖고 정성껏 기도드렸다. 간절히 두 손 모아 발원했다.

 "영가시여, 극락왕생하소서!"

생사를 넘어선
영가님들의 따뜻한 메시지

천일기도 정진 중에 삼백 일째쯤 되었을까? 부득이하게 전에 살던 아파트를 매매하게 되었다. 그날 밤 꿈에 관세음보살님이 나투셔서 내 두 손을 꼭 잡아주시며 "고생했다, 고생했어"라고 말씀하시고는 안아주시면서 내 팔에 관세음보살님의 팔찌를 끼워주셨다. 눈을 떴을 때는 너무 놀랍고 경이로워 두 눈에 감사의 눈물이 맺혔다. 지금도 그날을 떠올리면 관세음보살님의 따스한 온기가 느껴진다. 게다가 감사하게도 부처님의 가피로 아파트도 좋은 인연을 만나 매매하게 되었다.

 이렇게 나는 부처님의 헤아릴 수 없는 수많은 가피 속에서 재바라지 봉사를 하며 천일기도를 무사히 회향할 수 있었다. 누구에게 증명해 보이기는 힘들지만 영가님들의 생사를 넘어선 따뜻한 감사 메시지에 온 우주 법계가 함께한다는 것을 깨달았다. 그때마다 "죽음은 끝이 아니라 또 다른 시작"이라는 부처님의 가르침에 가슴이 울컥했다. 기도 중 팔목이 골절되어 깁스도 하고 발가락이 아파서 걷기가 힘들 때도 있었지만 그때마다 두 손 모아 기도를 드렸다.

감사합니다. 부처님!
나무아미타불, 나무아미타불, 나무아미타불.
영가시여, 극락왕생하소서!
나무아미타불, 나무아미타불, 나무아미타불.
부처님, 감사합니다.
오늘의 제가 있게 해주셔서 감사합니다.
부처님, 죽을 목숨인데 살려주셔서 감사합니다.

부처님의 원력이 아니었으면 지금의 온전한 내가 존재하지 않았을 것이기에 더 감사하고 더 간절했다. '원공법계제중생 자타일시성불도'를 일념으로 생각하고 일체중생을 위해 희생하고 봉사하며 육바라밀을 행하고 나 혼자만의 깨달음에 안주하는 것에 그치지 않고 그 깨달음을 널리 다른 이를 위해 회향하는 수행자가 되리라 다짐하면서 또 한 번 부처님께 굳게 맹세했다.

온 우주 법계가
부처님의 원력으로 가득하기를

 천일기도를 회향하고 요즘은 '인등불공봉사(인등의 묵은 때를 닦아내고 극락왕생을 발원하는 울력으로, 내가 지은 이름이다)'를 하고 있다. 화주 보살님의 지휘 아래 몇 분의 인연 있는 도반들과 같이 '나무아미타불' 염불을 입에서 놓지 않고 갖가지 도구를 사용하여 연꽃 모양의 인등을 깨끗이 닦고 이름표도 새로 달 계획이다.
 그날 밤 꿈에 규칙적으로 정리돼 있는 크고 작은 상자 여러 개를 보았다. 왠지 그 상자 안에 영가님이 계신 것 같았다. '그런데 왜 관이 아니라 상자지?'라는 의문과 함께 곧 그 의미를 알아차렸다. 영가님들이 인등불공봉사를 알아차리시고 아미타부처님의 원력으로 극락왕생을 간절히 발원한다는 메시지를 나에게 보내신 거였다.

 네! 그렇게 하겠습니다. 꼭! 그렇게 하겠습니다.
 영가시여, 극락왕생하소서!
 나무아미타불, 나무아미타불, 나무아미타불.

 이 또한 '원공법계제중생 자타일시성불도'의 부처님 가르침을 실천하는 '이타행'이다. 우리는 회향일까지 부처님의 위신력과 우리

신도님들의 염원을 하나로 모아 한 분 한 분의 업장을 닦아내고 부처님의 위신력을 불어넣어 한 분의 낙오자도 없이 아미타부처님께 인도한다는 마음으로 지성으로 귀의할 것을 발원했다.

무한한 부처님의 가피 속에서 감사함을 잊지 않고 '세세생생 보살도'를 발원하면서, 몽중에 가피 주신 '일명(溢明)'의 법명답게, 온 우주 법계가 부처님의 원력과 밝음으로 가득할 수 있도록 '보리심'의 마음으로 '이타행'을 실천해나갈 것이다. 부처님의 부끄럽지 않은 불제자로 '원공법계제중생 자타일시성불도'를 잊지 않고 어디서든 잘 쓰이는 사람이 되고자 정진 또 정진하며 삼보에 귀의할 것이다.

부처님!
귀의불 귀의법 귀의승,
머리 숙여 두 손 모아 간절히 삼보에 귀의하며 삼 배 드립니다.
나무아미타불, 나무아미타불, 나무아미타불.

| 포교원장상 |

화두선 명상 수행을 하면서

-

청량심 백희인

유년 시절의
슬프고 아픈 기억

원인을 알 수 없는 알레르기로 인해 얼굴과 척추의 신경망을 따라 아이 손바닥만 한 크기로 온몸에 돋아난 두드러기 발진은 시간이 흘러도 나아지질 않았다. 의사는 알레르기를 일으키는 원인과 조건이 수백 가지가 되며 그에 따르는 약 처방도 천차만별이라고 했다. 그러면서 우연찮게 체질이 바뀌는 경우가 있으니 그때를 기다려보자는 절망적인 진단을 내리면서 일시적으로 증상을 완화시켜주는 약을 처방해주었다. 그러나 병원 약을 오래 쓰다 보니 내성이 생겨 더 이상 어떠한 약도 듣지 않았고, 그런 초등학교 꼬마의 투정 대상은 늘 엄마였다.

그 투정이 안쓰러워 엄마가 선택한 일시적 방법은 '굵은 소금'이었다. 마당에 신문지를 넓게 펴고 그 위에 등을 구부리고 서면, 엄마는 등 위에 굵은 소금을 뿌린 후 싸리 빗자루로 쓱쓱 쓸어내리곤 하셨다. 쓰리고 따가웠으나 잠시나마 가려움을 가라앉혀주는 이 방법 덕분에 고통을 잠시 멈출 수 있었다. 하지만 그때뿐이었고, 얼굴부터 발끝까지 온몸에 두드러기 발진이 심해진 날에는 학교를 결석해야 했다.

그럴 때마다 울고불고하는 나에게 엄마는 "하느님이 금방 낫게 해주실 거야. 엄마랑 더 열심히 기도하자"라며 달래주셨다. 그럼 나는 울다가 지쳐서 "날마다 낫게 해달라고 열심히 기도했는데 하느님은 안 계신 게 분명해. 내가 죽더라도 이 병은 안 없어질 거야" 하고 당시 엄마가 들으시기엔 말도 안 되고 이해도 할 수 없는 소리를 입에 달고 살았다.

20대 대학 시절의
불편한 비밀 한 자락

친구들과 함께한 MT에서, 나는 가야산 해인사의 일주문을 넘지 못했다. 친구들은 다 들어가는데, 내 두 발은 일주문 바로 앞에서 땅바닥에 딱 붙어 떨어지질 않았다. 처음엔 장난인 줄 알았던 친구들이 나중엔 내 팔과 다리를 잡아끌고 어떻게든 일주문 안으로 들여보내려고 애를 썼지만, 내 발은 마치 자석에 붙은 듯 땅 위에서 꼼짝도 하지 않았다.

내 주위로 친구들과 산행하는 사람들이 신기한 구경거리인 양 삼삼오오 몰려들었고, 나는 심한 부끄러움과 당혹감으로 어쩔 줄 몰라 하면서도 일주문 안으로 들어서고자 애를 썼다. 하지만 결국 발을 뗄 수가 없어 일주문을 넘지 못했다. 어떻게 그런 일이 일어날 수 있는지, 지금 생각해도 도무지 이해할 수가 없다.

결국 일주문 밖 돌 위에 덩그러니 혼자 남아 친구들이 돌아오기만 기다려야 했던, 지금도 친구들 사이에서는 불가사의한 일로 회자되고 있는 그날의 기억은 나의 뇌리에 선명하게 각인되었고, 오랜 시간 동안 가족들에게도 말 못 하는 불편한 비밀의 한 자락으로 가슴 깊숙이 자리 잡았다.

중년이 되어서 시작한
불교 공부

평생 고등학생을 가르치며 기독교 신앙 속에서 평범한 삶을 이어가던 어느 봄날, 딸과 함께 강남 봉은사로 가벼운 산책을 나섰다. 하지만 그 봄날의 가벼움은 결코 가벼움으로 끝나지 않을 내 남은 삶의 터닝포인트가 되었다.

평소 같았으면 산책 장소로 절을 택하진 않았을 텐데 그날은 어떤 연유인지 아무런 저항 없이 발걸음이 그곳으로 향했다. 오후의 도심 사찰이 이렇게 평화롭고 고즈넉할 수 있을까 감탄하며 둘러보던 중, 종무소 앞의 배너가 눈에 띄었다.

'불교 공부 – 기초학당 수강생 모집'

그때까지 내가 알고 있던 사찰의 이미지는 울긋불긋 요란한 색깔로 치장되어 있고 입구에는 무시무시한 그림과 조각들이 있는 그런 곳이었다. 또 할머니들이 복을 빌러 가는 기복과 무속신앙의 장소일 뿐 공부를 가르치는 곳은 아니었다. 등산을 가면 산자락에 절 하나쯤은 늘 자리를 차지하고 있었지만, 대웅전이라는 글씨가 쓰여 있는 건물 안에 모셔져 있는 반쯤 감은 눈으로 시선을 내리고 계신 부처님이 무서워 그 안으로는 들어가볼 생각조차 하지 않았다.

그런데 집에 돌아와서도 그 배너의 문구가 계속 떠올랐다. 결국 불교 공부를 해봐야겠다고 마음먹고, 다음 날 봉은사로 다시 갔다. 불교 공부 신청을 하려고 하니 신도 등록부터 먼저 하라는 담당자의 말에 순간 고민에 빠졌다.

"신도 아니면 공부를 못 하나요? 꼭 등록해야 해요? 나는 교회 집사인데…."

공부를 포기해야 하나 망설이다가, 불교가 정말 내가 여태껏 알고 있는 그런 종교가 맞는지 확인하고 싶은 마음에 '에라 모르겠다' 덜커덕 신도 등록을 하고 말았다. 맘속으로 '이 공부가 아니다 싶으면 신도 등록을 취소하면 되지' 하고 나 자신을 다독이며 교재를 받아들고 집으로 왔다.

괴로움이 지속될 거라며 엄마에게 대들던 유년 시절의 투정과, 해인사 일주문 앞에서 거부당했던 대학 시절의 기억은 결국 불교 공부로 귀결되는 것일까? 교재 『부처님의 생애』로 시작해서, 불교 역사와 문화, 절하는 법, 예불 및 부처님 가르침에 대한 기초공부는 그동안 기복신앙 그 이상 그 이하도 아닌 종교로 알아온 불교에 대한 선입견을 완전히 바꿔놓았다. 감동과 놀라움의 연속에서 유년의 기억이 소환되며 공부하는 내내 말로 형언할 수 없는 느낌을 강하게 받았다.

특히 싯다르타 태자가 부처가 되는 수행 과정과 부처가 되어 가르침을 펴는 전법의 여정은 오십 평생 느껴보지 못한 강력한 감흥으로 다가왔고, 무엇보다도 사문유관을 통해 출가를 결심하면서 태자가 지녔을 고뇌가 내게도 고스란히 전해져 공부하는 내내 가슴이 먹먹했다.

아침에 눈을 뜨면 제일 먼저 『천수경』을 시작으로 『금강경』, 『법화경』을 차례로 읽어나갔다. 무슨 뜻인지도 모르면서도 읽을 때마다 너무나도 사무치게 부처님이 고마웠다. 뒤늦게 정말 너무나도 뒤늦게 부처님 가르침을 접하게 되었다는 한탄, 숱한 세월 부처님 가르침을 모르고 허송세월한 무지의 시간들에 대한 자책, 왜 돌고 돌아 이제야 부처님을 만나게 되었는지, 부처님 가르침을 다 새기지도 못하고 이번 생을 마감할 것만 같은 조바심이 더해져, 시간을 쪼개서라도 부처님 가르침을 더 깊이 알고 싶어졌다. 초기 경전, 대승 경전을 넘나들며 각 공부 단계를 쉬지 않고 이어나가면서 부처님 가르침에 대한 믿음은 더욱더 굳건해져갔다.

> 금생에 어렵게 만난 부처님 가르침,
> 숨이 멈출 때까지 절대 놓지 않겠습니다.
> 다음 생에도 인간의 모습을 받아
> 필히 부처님 법 전하는 올곧은 수행자로 살게 해주십시오.

기초학당 공부를 하며 세운 내 평생 최초의 발심이자 서원이었다.

참선 수행의 길

기초부터 시작해서 불교대학, 불교대학원 전 과정을 밟으며, 초기 경전 공부와 위빠사나 수행도 빠뜨리지 않고 지속해나갔다. 평생을 '전부 아니면 전무(All or Nothing)'의 사유 프레임 속에서 생각하고 행동해온 과거의 시간들이 부처님께서 자상하게 가르쳐주시는 말씀들로 인해 '지금 여기서' 타인과 내가 둘이 아님을 관조하는 현재의 시간으로 대체되었고, 그 시간 영역은 무한 확장되어 '부처님 닮아가기'로 변화하는 노정에 들어서고 있었다. 부처님이 밝히신 그 길, 자비와 사랑 그리고 이타심의 실천행을 위해 사찰에서 진행하는 다양한 자원봉사와 지역 고등학생들을 위한 학업 재능기부 활동도 꾸준히 이어가며 신행 생활을 계속해나갔다.

그러던 중 〈불교TV〉 채널에서 방영 중인 어느 비구니 스님의 참선 강의를 접하게 되었다. '참선' 하니 노보살님들이 선방에서 빳빳하게 풀 먹인 옷을 입고 벽을 마주하고 앉아 있는 모습이 연상되었다. 절에서 봉사할 때 바라본 선방 모습이 떠올랐지만, 참선에 대한 나의 지식은 거기까지였다. 궁금했다. '참선'이 뭘까?

영상 하단 자막에 '불교인재원'이라는 다섯 글자가 눈에 확 들어왔다. 50대 시절 우연히 봉은사에서 기초학당 공부 모집 배너를 보고 불교를 공부해봐야겠다는 발심을 하게 된 기억이 소환되었다. 절에는 가본 적도 없는 내가 불교 공부를 시작한 것처럼, 평소 〈불교TV〉 채널은 거의 보지 않았는데 하필 그 시간에 〈불교TV〉를 켜고, 전혀 관심 없던 참선 강의를 어쩌다 보게 되었는지, 당시는 별생각이 없었지만 이제는 안다. 나와 부처님과의 인연 고리가 깊게 연결되어 있음을.

환희심이란 게
이런 것인가

'불교인재원'이라는 곳에 바로 전화를 해서 '생활참선 입문반' 모집 안내를 받아 망설임 없이 등록했다. 수년간 수행 경험이 있었음에도 참선이 뭔지, 생활참선은 또 무엇인지 호기심이 일었다. 공부를 시작하며 '간화선(화두선)'이란 단어도 처음 접하게 되었다.

'불교란 무엇인가?', '부처란 누구인가?', '무엇을 깨달았는가?' 등으로 시작하는 입문 공부는 솔직히 말하면 불교대학원 과정까지 마쳤다는 아상(我相)이 컸던 내게는 조금 아쉬웠다. '참선을 가르쳐주는 게 아니었어?' 하고 내심 갸우뚱해가며 입문 과정을 공부해나갔다.

그 무렵 그러한 공부보다 가장 고민이 된 부분은 해인사 백련암으로 1박 2일의 화두를 받는 일정이었다. 왜 하필이면 20대 시절 일주문을 넘지 못한 바로 그 해인사로 화두를 받으러 간다는 것일까? 어떻게 이런 인연이 있을까? 두 번 다시 일주문을 못 넘는 그러한 상황은 절대로 마주하고 싶지 않았다. 포기해야 할까? 부처님이 또 나를 거부하실까? 망설임의 시간이 있었지만, 결론은 앞으로 나아가보자는 굳은 마음으로 순례 일정에 동참하기로 했다.

순례 당일, 도반들과 함께 걸어가는 내내 걷잡을 수 없는 불안감으로 마음이 무거웠다. 해인사 일주문이 가까워지자 다리가 후

들거리며 진땀이 흘렀다. 누군가가 눈치챌까 두려웠고, 또 발이 안 떨어지면 어떻게 하나, 도반들이 뭐라 생각할까? 온갖 생각들로 심신이 너무나 불편했다. 심호흡하며 일주문 밖에서 일 배하고 조심스럽게 한 발을 안으로 넣었다.

'어? 아무렇지 않게 일주문 안으로 발이 옮겨지네?'

환희심이란 게 이런 것일까? 마음속 깊이 한없는 눈물이 흘러내렸다.

'부처님, 이제야 저를 받아주십니까? 감사합니다, 부처님.'

해인사 백련암에서 성철 스님이 내리신 화두를 원택 스님으로부터 받았다. 참으로 먼 길을 돌아 이제야 제자리를 찾아왔다고 생각하니 만감이 교차했다. '행주좌와 어묵동정(行住坐臥 語默動靜)', 이렇게 나의 화두선 명상은 시작되었다.

화두선 수행을 통해 발견하는 '나'

언제 어디서나 쉽게 할 수 있는 본격적인 화두참선법을 배우고 익히며, 중간에 멈추지 않길 너무도 잘했다는 생각을 공부 내내 하게 되었다. 성철 스님의 『백일법문』과 고우 스님의 법문집 『태백산 선지식의 영원한 행복』을 비롯해서 조사 스님들의 다양한 어록들을 접하며 얻은 소중한 내적 경험들로 인해 내 인생 후반부는 행복 그 자체가 되어갔다.

그럼에도 선지식으로부터 받은 화두를 단 5분 동안 들고 앉아 있는 나의 내면에는 온갖 번뇌 망상들이 파도처럼 몰려왔고, 그때마다 화두는 뚝뚝 끊어졌다. 버릴 수도 없고 취해지지도 않는 화두! 계속되는 수행 과정에서 어느덧 조금씩 화두가 성성해지더니 5분이 10분이 되고, 30분이 훌쩍 지나가게 되었다. 앉기만 하면 쓰나미같이 몰려오던 온갖 망념들은 이제는 잠시 왔다 사라지는 포말처럼, 한 시간 동안 스무 번 서른 번 끊기던 화두가 20분이 넘는 화두 일념으로 수행에 진전을 보이기 시작했다.

화두선 수행이 조금씩 익어가며 내 삶도 예전과는 많이 달라졌다. 매사 분별하고 따져 묻던 오랜 습관에서 조금씩 벗어나는 '나'를 발견하게 되었고, 스트레스가 많은 상황에서도 불편한 감정들이 바로 화두로 전환되어 마음의 안정을 취하게 되었다. 내 마음이 안정되니 타인의 마음 또한 나와 다르지 않음을 알게 되었다. 이 세상 만물이 둘이 아님을, 우주 만물의 존재 원리가 중도 연기임을, 이대로의 '나'가 본래 부처임을, 말과 글이 아니라 화두 일념으로 그대로 체화되었다.

문자로, 언어로, 분별로 이해한 지난한 삶의 세월 속에서 이제는 말의 길, 언어의 길이 끊어진 바로 그 길을 가고 있다. 화두 일념 속에서도, 화두에서 일상으로 돌아왔을 때도 무량한 부처님의 가르침이 사무치게 다가온다.

'일초직입여래지(一超直入如來地).'

오늘도 화두 일념으로
새벽을 열다

헤르만 헤세는 〈시든 잎〉이란 시에서 부처의 말을 한다.

모든 꽃은 열매가 되고 모든 아침은 저녁이 되려 한다.
이 세상에서 영원한 건 변화와 무상뿐!

헤세는 제행무상(諸行無常)·제법무아(諸法無我)로 그의 사유체계를 확장시켰고, 아인슈타인은 종교가 사라지는 시대에 유일하게 남을 우주적 종교로 불교(부처님의 가르침)를 언급했다. 12개의 소립자로 존재하는 우주 만물이 각자 개별로 존재할 수 없음을 드러내는 힉스 입자의 발견은 이 세상이 연기로 존재한다는 부처님의 가르침에서 한 치도 벗어나지 않는다. 부처님의 가르침은 시대를 초월하고 동-서, 너-나를 가르지 않는다.

이제 남은 생(生) 동안 한순간도 흔들리지 않는 마음으로 부처님이 펼쳐놓으신 중도의 세상, 자비와 사랑의 그 길을 따르리라 다짐한다. 이웃들에게 부처님 진리의 가르침을 함께 나누는 평화로운 삶을 살아갈 수 있기를 발원하며, 오늘도 화두 일념으로 새벽을 연다.

부처님,
금생에서 내생에서
부처님 닮은 수행자의 삶을 살기를 서원합니다.
나무 석가모니불
나무 석가모니불
나무 시아본사 석가모니불.

중앙신도회 회장상

녹색 할머니의 촌음

보광행 이경임

동백꽃이 빨갛게 녹색 잎사귀 속에서 찬란히 피었습니다. 날마다 꽃 피우며 떨어지는 동백꽃을 부처님 전에 올립니다. 부처님 손과 좌대, 신중님 머리, 도량 곳곳은 온통 새빨간 동백꽃 세상이 되어 맑음으로 흐릅니다. 어느덧 71세라는 세월을 맞이한 저도 동백꽃 한 송이가 되어 너무나 큰 행복에 부처님께 감사드립니다.

  평소 내가 즐겨 다니는 산책로 안쪽에는 부처님 전이 있습니다. 그곳에 덩그러니 부처님이 계시지만, 촛대와 향로가 있어도 참배 드리는 분은 볼 수가 없는 쓸쓸한 전경입니다. 부처님 존상 위에 지붕이 있어도 비가 오면 빗물이 새고 추운 겨울에는 다기 그릇이 얼어서 깨지는 자연 그대로입니다. 그래서 비가 오는 날에는 미륵 부처님 전에 우산을 씌워드리며 다기 물과 향을 올립니다.

일상 매 순간을
절절히 기도합니다

남편 부처님이 부처님 전을 '염주암'이라고 이름 지어주었습니다. 새벽에 일어나 BBS 경전 공부, 송담 큰스님의 법문을 듣고 나면 염주암으로 향합니다. 참회 기도를 올리며 시작하는 소중한 하루입니다. 이제는 이곳에 참배 드리는 불자님도 많아졌고, 상단에는 촛대와 촛불로 가득 빛납니다. 하루는 누가 나에게 관리하는 분이냐고 묻습니다.

"불자라면 누구나 부처님 전을 지키고 참배해야지요."

세상의 모든 건 인연입니다. 우연이 아니라 필연입니다. 내가 40대부터 다니던 불교용품 거사님께서 염주암에 촛대와 향로를 공양 올리고 100일 불을 밝히셨습니다. 거사님은 염주암 옆에 있는 아파트에 사십니다.

그 뒤로 많은 시간이 흘렀습니다. 하지만 안타깝게도 이제는 아무도 염주암을 돌보지 않습니다. 귀가 열려야 마음이 열리고 법문을 많이 들어야 흔들리지 않는 기도를 할 수 있습니다.

지금 나는 『신묘장구대다라니』 10만독을 두 번 독송하고 세 번째 진행 중입니다. 내 목에는 계수기가 목걸이처럼 늘 걸려 있습니다. 꿈속에서도 돌리고 잠에서 깰 때도 돌리며 일어납니다. 화장실에서도 일상에서도 늘 함께하는 내 분신입니다.

내 기도는 걸어 다니면서 눈앞의 모든 것과 함께합니다. 구급차가 지나가면 환자를 위하여 빠른 쾌유를 기원합니다. 하루는 어린 소년이 헬멧을 쓰지 않고 오토바이 배달을 하는데 얼마나 마음이 아팠는지 모릅니다. 그 소년의 업장 소멸과 안전 운행을 위해서도 절절히 기도합니다.

또 야옹이, 멍멍이, 새, 지렁이, 방아깨비들을 묻어주고 원망하는 마음 갖지 말고 거룩한 사람 몸 받아서 삼보에 귀의하는 참불자 되라고도 기도합니다. 길에서 피투성이 된 야옹이와 큰 새는 재활용장에서 신문지를 가져와 우리 아파트 1층 화단에 모시고 사체를 감쌀 흰색 한지에 발원문을 써서 묻어주고 향을 올립니다.

아직도 상(相)에 집착하며
살고 있었구나

나의 어머니는 막내아들을 서른일곱에, 큰아들을 마흔에 하늘로 보냈습니다. 막내를 보내면서는 큰 고통으로 인해 마음에 병을 앓으셨습니다. 하루는 시장에 가서 꼬막을 다시 사오시며 횡설수설하셨습니다. 막내가 겨우 앉을 수 있을 때쯤 아버지가 돌아가셔서 어머니는 혼자 4남매를 키워야 했습니다. 까만 밤처럼 무서운 고통 속에서 어머니는 치매 환자가 되어 요양원에서 8년을 계시다 돌아가셨습니다.

　어머니를 돌봐주시던 요양보호사를 보면서 2년간 봉사하리라 생각하고 자격증을 따서 일했습니다. 하루는 기저귀를 가는데 똥냄새가 너무 심했습니다. 순간 느꼈습니다.

　'아! 나는 아직 멀었구나. 이렇게 상에 집착하여 살고 있구나.'

　만약 부처님이셨다면 서로 치운다며 법석을 떨었을 것입니다. 『금강경』 구절 구절이 저를 심하게 질타했습니다.

　2022년 어느 날, 화장실을 가려고 일어났는데 모든 사물이 빙빙 돌며 어지러워 그 자리에 누워버렸습니다. 병원에서 MRI를 찍었는데 대학병원으로 빨리 가라고 했습니다. 대학병원에 입원해서 MRI 대동맥 검사 후에 수술이나 시술을 해야 한다고 했습니다. 나는 MRI 촬영실에서 두려워하지 않고 『신묘장구대다라니』를 독송했습니다.

　검사 결과 병명은 '모야모야', 경동맥 폐쇄 및 협착이었습니다. 하지만 부처님께서 감사하게도 수술을 안 하게 해주셨습니다. 모야모야병은 유전병이라서 남동생은 이 병으로 37세에 두 딸을 남겨놓고 세상을 떠났습니다.

부처님 법을
나누다

아파트 청소일을 시작했습니다. 몸을 움직이니 밥도 먹을 수 있고, 생동감도 느껴졌습니다. 부처님께서 이곳으로 보내주셔서 소중한 인연을 만났습니다. 그 보살님은 나하고 생일도 같고, 멍멍이를 키웠습니다. 14년간 키우던 그 멍멍이는 아미타재일날 부처님 품에 안겼습니다.

청소를 하다 보면 아파트 현관 위에 거미줄이 많이 보입니다. 같이 일하는 여사님이 기다란 막대기로 잡아당겨 거미를 죽이는 걸 보고, 나는 염주암에 가서 가지치기해놓은 나뭇가지를 찾아서 가져갔습니다. 거미줄을 둘둘 말아서 다치지 않게 살려주고 바닥에 떨어진 거미는 화단으로 보내주었습니다. 청소를 마치면 청소 도구를 정리하고, 오늘도 일심으로 살게 해주신 부처님께 감사 기도를 올립니다.

같이 일하는 여사님께 『신행법요집』, 『지장경』, 『기도 성취하는 지름길』, 『참회와 사랑의 기도법』 등 불서를 드리며 같이 공부하자고 권유했습니다. 휴대폰을 바꾸면서 매장 직원들한테도 불교에 대해 짤막하게 심어줍니다. 휴대폰 사용 방법을 문의하려고 들르고, 또 들르면서 직원들이 관심을 가지는 것 같아 책도 선물해주었습니다.

이 모든 건
부처님의 가피입니다

　우리 집에는 딸 부처님이 둘입니다. 큰딸이 초등학교 다닐 때 피아노를 치며 함께 찬불가를 불렀습니다. 찬불가는 마음의 작용을 한 곳으로 응집시키는 큰 법문입니다. 지금은 냉장고 문에 〈보현행원〉 악보를 붙여놓고 혼자서 찬불가를 부릅니다.

　남편 부처님은 지난해 12월부터 많이 아파서 식사도 못 하고 누워만 계십니다. 병원에서도 거부해 암담함 그 자체였지요. 그러다 동네 병원에서 검사를 한 뒤 당뇨합병증 치료를 위해 인슐린을 투여하고 날마다 병원에 갔습니다. 원장님께서는 꼭 낫게 해주신다며 용기를 주셨습니다. 이제 남편 부처님은 걸어 다니고 음식도 잡수십니다. 이 모든 건 부처님의 가피입니다.

　나는 후배 보살님들에게 이렇게 말합니다.

　"똥 싸면서도 기도하라. 오늘이 마지막 날이라 생각하고 기도하라. 핑계에 자신을 맡기면 그 늪이 쌓여만 간다."

　칠십이 되어서야 비로소 깨닫게 되었습니다. 지금은 열반하셨지만 저에게 큰 불종자(佛種子)를 심어주신 영광 불갑사 수산 큰스님께 감사드립니다. 수산 큰스님께서는 청소년 여름불교학교를 운영하면서 신생님들을 보으셨습니다. 저는 막연히 절이 좋아서 참석했습니다. 햇볕이 쨍쨍 내리쬐는 어느 날 큰스님께서 등목을 하고 계셨습니다. 그때 저를 보셨는데 안광에서 에메랄드빛 파란 광채가 뿜어 나와서 깜짝 놀랐습니다.

사람 눈에서도 저런 푸른빛이 나오다니.
이 어리석은 중생, 열심히 세상 속에서 정진 또 정진하겠습니다.

무심으로
무심으로

나는 방생을 자주합니다. 그리고 이렇게 발원합니다.

넓은 강으로 가서 잡히지 말고
새끼도 낳고 잘 사시옵소서.
그리고 다음 생에는 거룩한 사람 몸 받아서
삼보에 귀의하는 참불자 되시옵소서.

우리 집에서 실천하는 방생은 비닐봉지를 깨끗하게 씻어서 화분꽂이에 널어놓고 재사용을 하는 것입니다. 땅도 썩지 않고 바다 생명도 숨 쉬며 살아가는 자연 그대로가 불국토라 생각하기 때문입니다.

그리고 효림출판사 책을 딸 부처님들께 가보로 물려주려고 따로 모아놨습니다. 절절한 신심을 위한 최고의 수행책으로, 딸 부처님들이 삼보에 귀의하는 참불자 되기를 간절히 기도하고 있습니다. 그 덕분에 토요일에는 세 군데 절을, 일요일에는 한 군데 절을 찾는 강행군을 하기도 합니다. 그리고 『법화경』과 『신묘장구대다라니』 사경을 날마다 열심히 하고 있습니다. 불자 가정을 만들어주신 부처님 감사합니다.

어느 날은 딸 부처님들이 『즘부다라니』를 21독씩 독송하라며 카톡을 보내왔습니다. 내 몸속 세포들이 크게 웃기 시작합니다. 전라도 사투리로 "오메 오진 거~ 참말로 오지다"입니다.

우리 가족은 만날 때마다 마주 보고 삼배를 올립니다. 그리고 서울 집에서나 광주 집에서나 함께 절로 향합니다. 어젯밤에도 『신묘장구대다라니』 사경을 하다가 누웠는데 천장에서 꽃구름이 빛을 내며 계속 몰려왔습니다. 부처님 감사합니다.

몇 년 전 일입니다. 꿈속에서 나는 벌거벗은 몸 위에 얇은 천 하나를 덮고 죽어가면서도 관세음보살을 염불하고 있었습니다. 내 머리 위로 남편 부처님이 지켜보시고, 왼쪽에는 하얀 옷을 입은 후덕하게 생기신 분이 빙그레 웃으며 나를 보고 계셨습니다. 말씀을 올려야 하는데 염불을 놓칠까봐 어찌하지 못하는 사이에 이심전심으로 통했습니다.

그리고 다음 날 룸비니 딸 부처님한테 카톡이 왔습니다. 카톡을 확인하고는 온몸에 소름이 돋아 숨을 쉴 수가 없었습니다. 전날 내가 꿈에서 뵌 분이 베트남 다낭 용흥사의 관세음보살님이었던 것입니다. 딸 부처님의 종교가 불교인 걸 알고 직장 과장님이 다낭에 보내주셨다고 했습니다.

거룩하신 부처님!
이 행복한 인연에서 강물이 흘러가듯이 무심(無心)으로, 무심으로, 무심으로 가는 불자가 되길 발원합니다.

법보신문 사장상

질끈 감았던 눈을 떴을 때

해인심 장윤선

불교는 물론 평생 종교와는 인연이 없을 것이라고 생각했던 내가, 부처님 법에 귀의하게 된 것은 정말 기적과도 같은 일이었습니다. 나는 어린 시절부터 삶에 대한 감사함이라는 것을 느껴본 적이 없습니다. 부모님은 늘 싸우는 모습만 보여주셨고, 급기야 서로가 서로에게 폭력을 행하기도 했습니다. 어린 내가 울부짖으며 부모님 사이에 끼어서 싸움을 말리기도 했지만, 그럴수록 분위기가 험악해지고 때로는 그 폭력이 나에게로 향하기도 했습니다.

그때부터 나는 부모님의 눈치를 보기 시작했고, 말을 조금이라도 듣지 않는 날은 언제나 얻어맞는 것으로 끝이 나곤 했습니다. 이런 환경에서 나는 부모님에 대한 증오심이 날로 커져갔습니다. 분명 부모님으로부터 많은 보살핌을 받았음에도 그것들이 전혀 보이지 않았고, 한 톨의 감사함도 피어오르지 않았습니다.

왜 나만 늘 이렇게
고통스러운가요

그렇게 부모님에 대한 원망을 간직한 채로 결혼을 했습니다. 그 무렵 부모님은 이혼을 하였고, 얼마 지나지 않아 엄마는 재혼을 하여 남동생만 데리고 다른 나라로 가서 살게 되었습니다. 내 옆에는 배우자가 있었지만 그와 별개로 나에게는 또 다른 상처가 되었습니다. 괜찮은 척했지만 어린 시절부터 쌓인 상처가 내내 아물지 않았던 것 같습니다.

분노와 상처로 가득한 나는 죄 없는 남편에게 소리를 지르고, 물건을 내던지며 폭력을 행사했습니다. 내가 어린 시절 겪었던 것과는 무관하게, 남편에게 그런 행동을 한다는 것 자체가 잘못임에도 불구하고 당시에는 눈에 뭔가 쓰인 것처럼 아무것도 보이지 않았습니다. 그저 '난 불쌍한 사람이니까 이렇게 해도 돼. 누군가를 괴롭혀도 상관없어'라고 생각했던 것 같습니다. 하지만 분노나 상처가 해소되기는커녕 스스로를 더 괴롭게 만들고 있었습니다.

그렇게 서른일곱이 될 때까지 어린 시절 부모님께 받은 상처를 평생 붙잡으며 살아왔습니다. '불쌍한 사람' 혹은 '피해자'로 나를 규정하면서, 부모님을 비롯한 다른 사람들은 나에게 '나쁜 짓을 하는 사람' 혹은 '가해자'라고 생각했습니다. 늘 나 자신이 제일 불쌍했고, 왜 이 세상에 태어나서 이런 고통을 겪어야 하는지 몸부

림치며 겨우겨우 살아냈습니다.

    그런 어두운 마음을 가지고 살다 보니 당연히 몸과 마음에 병이 찾아왔습니다. 다니던 직장을 그만두고, 그나마 삶에 위안이 되던 요가를 직업 삼아 살게 되었습니다. 요가 강사로 일하며 감사하게도 마음공부를 할 수 있는 기회가 주어졌고, 처음으로 명상을 접하게 되었습니다.

명상하는 동안에도
강박을 떨칠 수 없다면

처음 명상을 접했을 때는 명상이 나의 모든 고통을 없애줄 것이라 생각했습니다. 그래서 큰돈을 여러 번 지불하면서 명상을 배우기도 했습니다.

    명상에 대한 이론적인 개념을 공부하고, 호흡 집중 명상과 바디 스캔, 자비 명상 등 다양한 방법으로 명상을 경험할 수 있었던 것은 도움이 되었습니다. 하지만 눈을 감고 앉아 있으면 머릿속은 더욱 복잡하고 고통스러운 생각으로 가득 차올랐습니다. '그 사람은 나한테 왜 그런 말을 했지?', '왜 나에게 이런 고통스러운 하루하루가 이어지지?'라는 물음이 끊임없이 이어지면서 몸은 명상을 하고 있지만 마음으로는 또 다른 고통을 스스로 만들어내고 있었습니다.

 그러면서 한편으로는 '명상을 하는 나', '수련을 하는 나'라는 거대한 자아상에 빠져 우월감을 느끼기도 했습니다. 다른 사람들이 고통 속에 힘들어할 때, 속으로 '당신들은 명상을 제대로 하지 않고 마음에 대해 무지해서 그렇다'라고 생각하기도 했습니다. 하지만 그 우월감은 종이 한 장 차이로 강박관념과도 맞닿아 있었습니다.

 사실 나는 '명상을 하는 나'의 모습을 사랑했지만, 그 우월감에 빠져 '열심히 하고, 잘 살고, 행복해야 한다'는 강박에 빠져 있었습니다. 사실상 정반대의 고통과 불행의 삶을 살고 있었음에도 말이지요. 더욱이 명상 수련을 하면서도 불행한 나의 삶을 감추기 급급해 얼굴에 두꺼운 가면을 찾아 쓰고 사람들 앞에서 자비롭게, 친절하게, 늘 모든 것을 잘해내는, 최선을 다하는 이미지를 만들기 위해 애를 썼습니다.

 그렇게 멱살 잡히듯 하루하루를 보내고 집에 오면 지쳐 쓰러지기 일쑤였고, 밤마다 공허함을 느꼈습니다. 살아가는 목적을 잃어버렸습니다. 이유 없는 자책감과 심한 불안감에 시달렸습니다. 잘 살고 싶지만 그렇지 못하는 나의 삶을 탓하면서 또다시 주변을 탓하기 시작했습니다. 죄 없는 남편을 화풀이 대상으로 삼아 화를 내고 소리를 질렀습니다.

 그렇게 반복되는 일상과 고통에 빠져 번아웃(burn-out)을 달고 살아가는 나에게 오랜 친구 수월심이 템플스테이 및 참회 수행을 제안했습니다. 지푸라기라도 잡고 싶은 심정으로 제주 관음사 템플스테이를 덜컥 예약했습니다.

살면서 처음으로
나에게 용서를 빌다

나는 당시까지 불자는 아니었습니다. 그러나 망설임을 내려놓고 사찰에서 생활하며 108배를 하는 등 마음을 열자 부처님께서 나를 감싸 보호해준다는 느낌을 받았습니다. 부처님과의 첫 인연이었습니다.

  새벽에 졸린 눈을 비비고 일어나 차가운 바람을 맞으며 예불을 드리고 108배를 했습니다. 방으로 돌아와서는 조용히 사경을 하거나 염주를 꿰었고, 평온한 마음으로 한라산 자락을 산책하며 새끼 노루를 마주하기도 했습니다. 일상에서 벗어나 오롯이 나를 느끼며 내가 나로서 현존하는 순간을 충만하게 경험했습니다.

  사찰에 온 만큼 하심(下心)을 몸에 익히기 위해 매일 108배를 이어갔습니다. 첫날에는 108배를 하는 동안 남편을 떠올리며 참회했습니다. 하지만 내 잘못이 무엇인지 진심으로 느껴지지 않아 관세음보살님께 나의 잘못에 대해 마음 깊이 느끼게 해달라고 기도

했습니다.

둘째 날에는 부모님 두 분이 떠올라 하염없이 눈물이 흘렀습니다. 부모님께 상처만 받았다고 생각했는데 사실은 나도 상처를 주었고, 부모님이 얼마나 많은 것을 희생하며 기꺼이 내주었는지를 알게 됐습니다. 부모님 두 분께서도 이제는 스스로를 귀하게 여기고 삶에 감사함을 느끼기를 빌었습니다. 물론 부모님에 대한 트라우마가 깊었기에 이런 마음이 일어나는 일 자체가 생소하고 낯설게 느껴졌습니다.

마지막 셋째 날은 친구 수월심의 제안으로 새벽 4시에 일어나 대웅전에서 새벽 예불을 드린 후 함께 절을 올렸습니다. 수월심은 말없이 성냥개비 10개를 꺼내어 들며, 성냥개비 1개당 100배를 하자고 했습니다. 힘들 테니 옆에서 함께 참회문 염불을 해주겠다고 했습니다. 처음에는 어리둥절했으나 곧 '그래, 이건 내가 해야 하는 수행이야. 힘들더라도 해내자'라는 발심이 깊은 곳에서부터 피어올랐습니다.

3시간 반에 걸쳐 1000배를 하면서, 그동안 나와 인연 맺은 모든 사람들을 떠올리며 참회하고 나 자신에게도 용서를 빌었습니다. 무기력하게 지내온 날들에 대해서도 반성했습니다. 그러자 내가 원했던 모든 것들을 이미 내가 가지고 있음을 알게 되었고, 마음속 깊은 곳에서 솟아오르는 눈물을 주체할 수가 없었습니다.

내가 만들어낸
허상의 굴레들

나만 대단하고 나만 특별한 존재가 아닌데, 그동안 나 중심으로만 생각해왔습니다. 내 상처만이 유일하고 엄청난 게 아닌데, 다른 사람들의 상처를 돌보지 못했습니다. 나 역시 다른 사람들과 똑같은 삶을 부여받았음을 깨닫고, 내가 매일 저지르는 크고 작은 잘못을 진심으로 깨우치게 됐습니다. 이것은 자책이나 자기 파괴와는 다른, 그저 하심이었습니다. 그동안 모든 것이 내 생각과 마음에서 부풀려 만들어낸 허상 속의 고통이었음을 알게 되었습니다.

나를 괴롭히는 것은 이 세상이 아니라 바로 나 자신이었음을 깨닫고 난 뒤 그 굴레를 끊겠다는 원력을 세웠습니다. 평소의 나라면 도저히 떠올릴 수 없는 생각들이었습니다. 이 모든 것이 부처님의 가피라고 생각하니 환희심이 절로 일었습니다.

3박 4일의 템플스테이가 끝나고 관음사를 내려오는 날, 커다란 초를 구입했습니다. 부모님과 남동생 그리고 저와 남편의 이름을 써 내려가며 모두 평온하고 행복하기를 기도했습니다. 이 모든 것이 그저 감사할 뿐이라는 문구를 써서 초에 불을 밝혔습니다. 글자를 쓰고 초를 켜서 올리는 동안 가슴 깊숙이 담겨 있던 부모님에 대한 분노가 사그라졌습니다. 그 마음은 이후로도 계속 이어져 집에 돌아와서 한 달 동안 매일 108배 정진을 하였고 3000배 수행을 완료했습니다.

  이 모든 것은 내가 부처님과 인연 맺게 해준 수월심 덕분입니다. 동도 트지 않은 새벽에 나와 저를 위해 함께 예불을 드리고 절을 하며 묵묵히 자리를 지켜준 수월심의 자비심 덕에 감사하게도 나 역시 부처님을 만나게 된 것입니다.

우리도 부처가 될 수 있을까요?

사는 것이 다 그렇듯이 지금도 여전히 힘든 날이 있고, 좋은 날이 있습니다. 그래도 견딜 만한 나날입니다. 내 곁에 부처님이 항상 계시다는 것을 알게 되었기 때문입니다. 하루하루 부처님께 부끄럽지 않은 사람이 되기 위해, 부처님의 지혜를 닮아 잘 살고 싶어서 노력하고 있습니다.

  최근에는 대학에서 전공한 '영어영문학'을 살려 국제포교사를 준비 중입니다. 국제포교사회에서 주관하는 '기초불교영어' 과정을 수강하며, 그 과정에서 언제나 함께해주는 친구 수월심, 도반 백련화, 그리고 마하사 정혜 스님 덕분에 부처님 곁에서 수행 정진하며 사는 삶을 꿈꾸게 되었습니다. 정말이지 주변에 감사할 일이 넘쳐나고, 부처님 제자가 되어 나를 돌아볼 수 있게 되어 벅차오르는 요즘입니다.

부처님의 제자 중 '앙굴리말라'라는 제자가 있습니다. 그는 희대의 악인이자, 살인을 여러 번 저지르기도 했습니다. 그런데 앙굴리말라의 본명이 아힘사(Ahimsa)라는 것을 알고 정말 놀랐습니다. 요가에서도 자주 인용되고 강조되는 '살생하지 않는다'는 의미를 가진 아힘사가 그의 본명이었다니. 어쩌면 앙굴리말라에게도 우리와 같은 불성이 존재하며 그것을 스스로 발견하여 깨우치기만 한다면 그도 부처가 될 수 있다는 뜻일까요?

정말로 앙굴리말라는 부처님을 만나 완전히 다른 사람이 되었습니다. 그는 출가 후 자신이 저지른 악행을 기억하는 사람들에게 모진 박해를 받으면서도 그 자리에서 그것을 모두 감내했습니다. 앙굴리말라 역시 머리로만 하는 수행이 아니라, 몸으로 직접 느끼며 참회하는 수행을 했을 것입니다.

앙굴리말라의 삶과 수행을 공부하며 예전의 내 모습을 떠올려 봅니다. 나 역시 부처님을 만나 '해인심'으로 다시 태어났습니다. 과거와 전혀 다른 삶이 내게 주어졌고, 그 초심을 잃지 않는 불자로 살아갈 것입니다. 고통에 허우적거리는 사람들 또한 나와 같은 삶이 주어지길 기도합니다.

앙굴리말라는 출가 이후 수많은 사람들에게 박해를 받았으나 분노나 원망은커녕 평온함만이 가득했다고 합니다. 이를 본 부처님께서는 그를 향해 이렇게 말씀하셨습니다.

수행자여, 인내하라. 인내하라.
그대가 업의 과보로 수백 년, 아니 수천 년을
지옥에서 받을 업보를
그대가 지금 여기서 받는 것이다.

저 역시 늘 인내하며, 지금까지 쌓아온 업을 소멸하기 위해 스스로 낮추는 겸손한 마음을 가지고 살겠습니다. 내 안에 많은 것들이 자리를 차지하지 않도록 텅 빈 상태로, 그러나 맑은 정신으로 늘 부처님을 떠올리며 참된 불자의 길을 걸어가겠습니다.

― 불교방송 사장상 ―

부처님 말씀 있는 그 자리가
내 삶의 찬란한 봄이다

-
명경화 손예원

뒤늦게 만난 명상은 내 삶 최고의 선물이었다. 명상 수행을 하면서 삶이 달라지기 시작했고 행복한 삶으로 가는 최고의 방편이 되었다.

그때도 지금처럼 봄이었다. 마당에 한두 송이 핀 매화가 쓸쓸해 보이는 것이 아직은 추운지 꽃잎을 활짝 피워낼 용기를 내지 못하고 있었다. 얼마 후 그렇게 나의 봄도 사라져버렸다. 50년 넘게 살아온 인생이 송두리째 사라지는 고통이 모세혈관을 다 태워버릴 듯 온몸을 질주하고, 머릿속은 희뿌연 안개로 덮여 길을 헤매고 있었다. 수액이 빠져나간 나무처럼 몸은 점점 야위어갔다.

숨조차 쉬어지지 않고 한 발자국도 움직일 수 없는 위태로운 상황이 계속됐다. 밥알을 삼키는 것도, 사람과 만나는 것도 불편했다. 전화벨 소리조차 공포의 대상이 되어갔다. 아흔의 아버지를 부양해야 하는 딸이자 두 아들의 엄마라는 사실이 생명의 끈을 간신히 붙잡아주고 있었다. 정신과에서는 3개월 이상 입원해야 한다고 했다. 하루하루 살아내는 것이 이렇게 힘든 것임을 처음 알았다. 공황장애, 어지럼증, 뇌하수체 종양, 하트 번(heart burn) 증상에 이명도 심해졌다.

언제 떨어질지 모르는
벼랑 끝에서

그 무렵 자연스럽게 발걸음은 절로 향했다. 팔공산 은해사 암자 순례를 시작으로 영축산 통도사 열아홉 암자를 모두 순례했다. 통도사 비로암에 들렀을 때 법당에서 예불을 드리고 계시는 스님과 눈이 마주쳤다. 내 마음을 읽기라도 하신 듯 법당으로 들어오라 말씀하셨다. 법당에는 여러 신도가 있었다. 법회를 참관하는 내내 뜨거운 눈물이 흘러내려 멈추지 않았다.

　법회가 끝나고 일어서서 나오려는데 스님께서 "극락과 천당이 따로 있는 것이 아니라, 이승에서 착한 마음으로 복을 짓고 착하게 살면 극락이고, 나쁜 행동과 말을 행하면 축생이다"라고 말씀해주셨다. 마치 나의 힘든 상황을 꿰뚫어 보신 듯했다. '부처님 법으로 힘든 일도 잘 지나갈 것이야' 하는 따뜻한 눈빛이었다.

그날 이후 부처님의 말씀을 통해 정신적 아픔을 벗어나기 위해 매일 광명진언을 천 번 이상 독송하리라 서원을 세웠다. 그리고 거의 주말마다 절을 찾았다. 날마다 책 속에서 부처님을 만났으며, 부처님 말씀을 읽지 않으면 불안감이 머릿속을 휩쓸고 다녔다.

후회로 가득한 과거와 암울한 미래만 있을 뿐 현재는 없었다. 일상은 겉으로는 평온해 보였으나 크게 부푼 풍선처럼 터지기 직전이었다. 낮에는 직장생활에 몰두하려 노력했지만 나를 힘들게 하는 사람들을 해치고 싶은 마음으로 고통받았다. 저녁에는 한 시간 이상 걸으면서도 나 자신을 향한 불친절한 생각이 멈추지 않았다. 언제 떨어질지 모르는 벼랑 끝에서 내 삶이 위태롭게 살려달라 애원해댔다.

알아차림을 무시하며 살아온 결과는 가혹했다. 사람을 잃고, 재산을 잃고, 나를 놓아버리려는 생각까지 들게 하였다. 마음의 병은 점점 깊어갔다. 잠자리에 들면 악몽으로 괴로운 날이 연속됐다.

부처님 말씀에
길이 있다

바쁜 직장생활 속에서도 규칙적으로 할 수 있는 방법을 찾았다. 눈을 뜨면 108 참회 기도문에 맞추어 108배를 하고, 잠들기 전에는『법구경』을 읽었다. 귀한 게송을 읽어나갈 때마다 죽음을 향해 달리던 세포가 새로운 DNA로 재생되는 듯했다. 그러나 그때뿐이었다.『금강경』,『천수경』,『지장경』 같은 불서를 읽는다는 것은 초심자인 내겐 어려웠다. 시부모님 49재를 지내면서 들어봤을 뿐, 경전 독송은 연세 드신 불자들이 하는 것으로만 알았다.

그 무렵, 어떤 거사님이 절에 갈 때마다『천수경』을 일독해보라 말씀하셨던 기억이 떠올랐다. 신심 부족으로 그냥 지나쳐버렸던 것이 힘든 시기를 겪으면서 가장 큰 후회와 안타까움으로 찾아왔다. '진작에 마음공부를 하고 부처님 말씀에 귀 기울였다면 마음의 예방주사를 맞아 현재를 잘 극복해나갈 힘을 가질 수 있었을 텐데' 하는 생각이 들었다. 지금은 절에 갈 때마다『천수경』을 빠뜨리지 않고 독경한다.

하루는 통도사 극락암 독성각에 앉아『천수경』을 독경하고 있는데, 절에 사는 고양이가 다가와 내 무릎에 안겨 가만히 앉아 함께 기도하는 게 아닌가. 내 마음을 아는 듯 신심이 절로 일어나는 신기한 경험이었다. 하루에도 수백 번 과거의 나쁜 기억으로 되돌아가는 마음을 거두어들이며 다시는 두 번째 화살을 맞지 않겠다고 다짐했다. 그렇게 여러 해를 보내고 나서야 서서히 내게도 변화가 찾아왔다.

우연히 도서관에서 빌려 온 전현수 박사의『생각 사용 설명서』와『마음 치료 이야기』라는 책을 읽으면서 내 마음을 다시 바라보기 시작했다. 부처님 말씀을 기초로 한 이 책들을 통해 '마음도 공부의 대상이 될 수 있고 현재에 머무는 것이 정신건강에 매우 중요하다'는 사실을 깨닫게 되면서 자연스럽게 초기불교에도 관심이 생겼다.

각묵 스님의 『초기불교입문』을 비롯해 초기불교에 관한 책도 찾아 읽기 시작했다. '부처님 말씀에 길이 있다'는 사실과 '불교는 실천하는 종교'라는 말을 받아들이고 나니 감사한 마음이 일었다. 아마도 나의 고통도 해결될 것이라는 믿음과 안도감이 들었기 때문일 것이다.

그저 마음을 보십시오

초기불교를 접하면서 자연스럽게 명상 쪽으로 마음의 물길이 흘렀다. 주변에 절에 다니는 사람들에게 명상을 어떻게 접근할 수 있는지 물어보았지만, 누구도 시원하게 답을 주는 이가 없었다. 그래서 명상과 관련된 책을 찾아보던 중 전현수 박사의 『사마타와 위빠사나』를 알게 됐다. 명상을 처음 접하는 나에겐 어려웠는데, 마음과 마음 부수라는 내용은 신선했다. '선한 마음을 내면 선한 마음 부수가 따라온다'는 내용은 곱씹을수록 맞는 말이었다. 그리고 존카밧진의 『왜 마음챙김 명상인가?』와 『온정신의 회복』이라는 책을 찾아 읽었다. 바로 이해되지는 않았지만 반복하여 읽어나갔고, 요즘도 그 책들을 다시 보고 있다.

공부하는 만큼, 경험하는 만큼 보인다고 했던가. 미얀마 사람들이 가장 존경하는 스님으로 널리 알려진 우 조티카는 『여름에 내린 눈』에서 명상에 대해 다음과 같이 이야기한다.

> 마음을 내 마음이라 여기지 말고, 그저 마음이라고 보십시오.
> 건전한 마음이든, 불건전한 마음이든 무아로 보십시오.
> 마음은 일어날 만한 충분한 조건이 있었기 때문에 일어난 것이지, 스스로 일어난 것이 아니라는 것을 보십시오.
> 그것은 실재하는 것도 아니고, 나의 것도 아닙니다.

이러한 책들이 명상법을 알게 해주었고, 명상이야말로 현실에서 맞닥뜨리는 문제들을 해결해줄 수 있는 열쇠라는 생각이 들었다. 그러나 명상을 시작할 당시엔 큰 산을 마주한다는 답답함도 함께 일어났다. 부처님 말씀을 배우고 좋은 책을 읽으면서도 쉽게 번뇌가 사라지지 않아 고통스러웠다. 그래서 명상을 배워야겠다는 의지가 더욱 강해졌는지도 모르겠다.

2023년 5월 한국불교심리치료학회 학술세미나에 참석했다. '불교와 현대과학에서의 자비(자애와 연민)'라는 주제로 2,600년의 불교 전통에서 자비는 어떤 의미가 있고 어떻게 실천해왔는지, 심리학과 정신의학을 중심으로 현대과학에서는 어떤 프로그램이 개발되어 연구되고 있는지에 대해 공부할 수 있는 좋은 기회였다. 이제껏 내가 알고 있던 '자비'의 의미와는 다른, 세미나 참석 이후 자비의 참된 의미를 알게 되었다.

부처님의 가르침이 상좌부와 대승, 선 등으로 다양하게 불려도 결국 부처님의 가르침은 하나라는 사실을 배웠다. 지금도 '자애와 연민' 명상 수행이 가져다주는 이익과 효과에 관해 많은 연구가 진행되고 있으며, 실제 우리 삶에서도 다양하게 적용되고 있음을 알 수 있었다. 명상 수행으로 부처님께 한 걸음씩 가까이 다가가는 일들이 만들어지기 시작했다.

명상 수행으로 배우는
부처님 가르침

매년 4월 초파일이나, 가끔 마음의 안정이 필요할 때 절에 가는 것이 전부이던 내게 서서히 변화가 일어났다. 인생의 나락 끝에서 만난 부처님의 큰 가르침을 배울 기회가 많아진 것이다. 매달 '21세기 불교 포럼'에 침식해서 조기불교를 접하며 사성제와 팔정도를 비롯한 부처님의 가르침과 실천의 중요성을 배웠다. 환희심이 일어

눈물이 났다. 그리고 통도사 포교당 '지엄선실'에서 『가르침을 배우다』와 빨리어 강좌를 통해 명상을 직접 만날 수 있었다. 책을 통해 부처님 말씀을 배우고 몸으로 공부 짓는 명상을 한다는 것만으로도 무척 설레었다.

주말에는 오롯이 명상만 했다. 걷기 명상을 할 때도 있고 앉기 명상을 할 때도 있었는데, 이끌어주는 대로 따라 하는 것도 여간 힘든 게 아니었다. 마치 맞지 않은 남의 신발을 신은 것처럼 호흡을 알아차리는 게 쉽지 않았다. 그럼에도 명상이 내게 꼭 필요하다는 확신이 들었다.

그저 착하게 살고 타인을 해치지 않으면 된다고 여기며 살아왔는데 그것마저도 어리석음이고 무명임을 알았다. 부처님 말씀대로 사는 것이 나를 지키고 타인을 지키고 사회가 잘 유지되는 길임을 알고 나니 한량없는 부처님에 대한 환희심이 일어났다. 절에서 만나는 연세 드신 분들을 보면 '어떻게 저리 열심히 다니실까' 늘 궁금했는데, 지금 생각해보니 부처님에 대한 환희심 때문이 아니었을까 싶다. 문득 이제까지 절에 다닌다고 했던 말이 부끄러워졌다. 제대로 아는 것도 없이 무슨 자신감으로 절에 다니는 사람이라 했을까?

시간이 지날수록 부처님 말씀이 몸속으로 스며들었다. 꿰지 않은 영롱하고 귀한 구슬을 하나씩 모으기 시작했다. 그 구슬 중 하나가 명상 수행이었다. 초기불교 여러 경전을 보면 끊임없는 알아차림과 마음 챙김을 공부 짓는다고 하는데, 이 말들을 처음에는 이해할 수 없었다. 당연했다. 부처님 말씀도, 명상도 모르면서 무작정 읽었으니 어려울 수밖에.

부처님 말씀이
있는 자리가 봄!

초록이 황금색으로 변해가는 가을 무렵, 문사수명상원을 다니면서 명상 수행을 체계적으로 배우기 시작했다. 명상 수행을 알아가는 길은 쉽지 않았다. 어디서부터 어떻게 접근해야 할지 낯설기만 했다. 그동안 책으로만 좋은 말씀을 골라 마음으로 위로를 받았기에 더더욱 그랬을 것이다. 그만둘까도 생각했지만, 마지막 희망의 끈을 놓을 수가 없었다. 매일 시간을 늘려가며 가장 기본이라는 호흡 명상으로 나를 향한 알아차림 여정을 시작했다.

처음에는 졸음이 쏟아지고 쉽게 집중이 되지 않았다. 그런데 시간이 지날수록 몸과 마음이 이완되고 머리가 맑아졌다. 호흡 명상은 사마타 명상이면서 위빠사나 명상이다. 처음에는 알아차림이 잘 안 되어 손을 코끝에 가져다가 감각을 느껴보기도 했다. 그러면 호흡을 쉽게 관찰할 수 있었다. 이렇게 명상을 하나씩 배워나갔다.

연민 명상 시간을 통해 내게 고통을 준 이에게 용서의 마음을 보내고, 나로 인해 고통받았을 사람을 향해 용서를 비는 마음을 내었다. 용서라는 단어부터 나를 힘들게 하였지만 나 자신과 주변 사람에게 따뜻하고 친절한 마음을 보내며 명상을 할 때는 나에게 고통을 준 사람에게 한량없는 자비심이 일어나기도 했다.

알아차림을 할수록 미움의 마음이 조금씩 옅어지며 현재에 머무르는 시간이 많아지고 과거로 가 있는 마음을 데려올 수도 있었다. 이 모든 것이 명상 수행의 힘이다. 나와 전혀 무관한 사람, 몰라도 되는 사람이 저지른 비도덕적이고 비윤리적인 행동으로 몸과 마음이 무너진 내게 가장 밑바닥에서 디딤돌로 만나게 된 것이 부처님의 가르침과 명상 수행이었다. 결과적으로 보면 가장 나쁜 파렴치한 범죄자가 내게는 가장 고마운 분으로 위치가 바뀐 것이다. 감히 나는 그를 그분이라고 부르고 싶다. 그분이 없었다면 부처님의 법과 명상 수행은 먼 나라 이야기로 남았을 것이다.

자애 명상 시간에는 '나를 지키고 타인도 지킬 수 있다'는 말이 가슴에 와닿았다. 연민이라는 마음 바탕에 자비심을 내니 마음이 한결 가벼워지고 편안해졌다. 맨발 걷기를 할 때도 동작 하나하나를 관찰하다 보면 마음이 현재에 머물러 움직임을 알아차리게 된다. 발바닥에 닿는 딱딱함이나 부드러움, 차가움이나 뜨거움, 통증 등 두드러진 현상을 관찰하며 마음챙김을 할 수 있었다.

명상을 시작한 지 오래되지는 않았지만, 좋은 순기능들을 경험하고 있다. 머릿속이 안개 낀 듯한 증상과 두통도 거의 사라졌다. 이제는 어떤 상황에서든 짜증을 내거나 주체하지 못하는 화 때문에 불필요한 에너지를 사용하지도 않는다. 행동도 고요하고 담담해졌다.

명상 수행을 하면 행복해진다고 했던가. 명상 수행을 배우고 실행하면서 내 삶의 잃어버린 봄을 찾았다. 봄은 멀리 있지 않았다. 바로 부처님 말씀이 있는 자리가 봄이었다.

작은 개울은 소리 내며 흐르지만
큰 강물은 소리 없이 흐른다.
모자라는 것은 소리를 내지만
가득 찬 것은 고요하다.

_숫타니파타

2부

도를 닦는 사람은 마음을 취한다

108산사순례기도회 회주상

한 생각이 일어나매

묵연 박해용

2022년 3월 어느 날 신새벽. 동터오는 박명(薄明) 속에서 퇴직 후 취미 삼아 우연히 배운 서각 작품을 아무 생각 없이 물끄러미 바라보고 있었습니다. 작품의 문구는 임제의현 스님의 스승 황벽희운(黃壁希運, ?~850) 스님의 공안으로 알려진 '전제무거(前際無去) 금제무주(今際無住) 후제무래(後際無來)'라는 열두 글자였습니다.

　굳이 해석하자면 '과거는 지나감이 없고, 현재는 머물지 아니하고, 미래는 올 것이 없다' 정도가 될까요? 안방 침실 앞에 걸어둔 작품이라 아침저녁으로 접하는 문구였지만, 그날은 이상하게 눈을 뗄 수가 없고 뭔가 아련한 유성꼬리 같은 불빛이 뇌리에 스쳐 나타났습니다.

　'이게 뭐지?'

　몽롱한 기운에 정신을 집중하자 유성꼬리 같은 불빛이 또렷하게 정체를 드러냈습니다.

그것은 20여 년 전에 품은 한 생각이었습니다. 당시 저는 일본 오사카에 갔다가 부산으로 돌아오는 3등 여객선 선실에서 우연히 '시코쿠(四國) 88개 사찰순례'에 대한 광고지를 보고 '우리나라에도 이런 순례길과 같은 108사찰 순례길을 만들면 어떨까?' 하고 생각했습니다. 그 후로 까맣게 잊고 있었는데 이날 갑자기 눈앞에 나타난 것입니다.

잘 아시다시피, '시코쿠 88개 사찰순례'는 서기 800년경 일본 불교 진언종을 창시한 고보대사(弘法大師)가 수행한 88개 사찰을 따라가는 순례길로, 1번 사찰인 영산사(靈山寺)를 시작으로 88개 사찰을 일주하여 출발점에 도달하면 그 거리가 대략 1,400km에 이르는 장거리 순례길입니다.

'108'이라는 숫자는 '108번뇌', '108계단', '108배', '108염주' 등 불교에서 자주 쓰이는 숫자입니다. 더구나 '108사찰 순례'에 대한 책자도 여러 권 간행된 것으로 알고 있고, 모 방송국에서는 어느 비구니 스님의 '108산사 순례'에 대해 방영한 적도 있어서 '108사찰'을 표제어로 인터넷에 검색하면 사찰 명단이 줄줄이 꼬리를 물고 나올 줄 알았습니다.

그러나 그건 단순한 내 생각에 불과했습니다. 대한민국을 대표하는 108사찰의 명단은 어디서도 찾을 수가 없었습니다. 그 대신 970개 정도 되는 전통사찰 명단을 입수했습니다. 사실 사찰을

108개로 범주화시키는 것 자체가 불교에서 내세우는 절대평등의 정신과는 배치될 수도 있을 것 같습니다.

108사찰 순례,
첫발을 떼다

108사찰 선정을 두고 며칠을 전전긍긍하고 있는데 우연히 서가에서 『한국불교사찰사전』이라는 책을 발견했습니다. 젊은 시절 이사할 때마다 많은 책들을 무더기로 중고서점에 팔았는데 몇 번의 이사에서도 이 책은 용케 살아남았던 모양입니다. 나는 이 우연을 부처님의 가피로 생각하고 인터넷에서 얻은 전통사찰 명단과 이 사전에서 나온 사찰을 중심으로 108사찰을 선정했습니다. 물론 쉽지 않은 작업이었습니다. 불교에 대한 지식이 극히 피상적이고 초급적인 수준에 불과한 내가 108사찰을 운운하는 것 자체가 언어도단인지도 모르겠습니다.

그런데 그보다 더 어려운 것이 순례할 사찰의 순서였습니다. 순례를 순전히 도보로만 계획하다 보니 자연히 방문할 사찰의 순서가 아주 중요하다는 사실을 깨달았습니다. 집에 앉아서 컴퓨터 지도만 검색해서는 노저히 해결할 수 있는 문제가 아니었습니다. 무식하면 용감하다고 했던가요. 일단 부딪혀보기로 했습니다. 그렇게 해서 2022년 4월 2일, 집 부근 '온천장역'에서 범어사를 향해 첫 걸음을 뗐습니다.

정신을 번쩍 차리게 해준
촌부의 한마디

처음 계획한 사찰은 화엄10찰 중 한 곳인 범어사입니다. 그러나 범어사에 가기 전 금정산록의 조그마한 암자를 1차 목표로 정했습니다. 이 암자는 금정산 무명봉 아래 있는 아주 작은 암자로, 전통사찰이 아닌데도 계획한 것은 '불법은 사세(寺勢)와 관계없이 산하천지 모든 사찰에 두루 편재할 것'이라는 나의 짧은 생각에 의한 것이었습니다.

오랜만에 찾은 암자엔 인기척이라고는 없었고 이 암자를 지키던 백구도 보이지 않았습니다. 그저 허허로운 바람만 코끝을 스쳐 지나갔을 따름입니다. 나는 이 암자에서 앞으로 지나야 할 수많은 길이 순탄했으면 하는 바람을 빌고 또 빌었습니다.

암자에서 범어사 일주문까지는 빠른 걸음으로 20분 정도 소요됩니다. 대웅전과 조사전에서 참배를 드리고 금정산 오솔길로 해서 양산으로 넘어갔습니다. 첫날은 양산역에서 걸음을 멈추었는데, 지도 앱을 확인해보니 5시간 30분 동안 19.64km를 걸었더군요.

다음 날은 양산역에서 통도사 가는 길로 5시간 20분에 19km를 걸었고, 그다음 날은 통도사에서 석남사 가는 길로 9시간에 28km를, 또 그다음 날은 석남사에서 표충사까지 가는 길로 7시간에 17km를 걸었습니다. 부산에서 멀어질수록 오가는 시간 때문에 자연스레 1박 2일, 2박 3일, 3박 4일 등 한번 나갈 때마다 소요되는 시간이 늘어났습니다.

구법승들이 겪었을 어려움과는 감히 비교할 수 없겠지만 간혹 난처한 상황이 발생하기도 했습니다. 포항 보경사에서 청송 대전사 가는 길은 내연산과 동대산을 넘는 것이 가장 빠른데, 내연산에서 동대산을 잇는 능선에서 길을 잃는 바람에 하마터면 조난을 당할 뻔했습니다. 또 평해 유금사에서 울진 불영사 가는 65km의 길에서는 폭염으로 쓰러질 정도였습니다. 설악산 오세암에서 봉정암 가는 길 도중에 있는 얼어붙은 폭포를 지나며 겪은 고생을 생각하면 지금도 다리가 후들거립니다.

그러나 이보다 더 힘든 것은 하루하루 어렵게 지내는 서민들의 생활을 직접 목도하는 데서 오는 감상(感傷)입니다. 벌판에서 거센 바람을 온몸으로 받아내며 혼자 호미질하는 할머니. 5일장 난전에서 아무도 사갈 것 같지 않은 잡동사니를 비닐 위에 널어놓고 허공을 바라보며 담배를 피우고 있는 할아버지. 이국땅 멀리 돈 벌러 와 새벽부터 인력회사 사무실 앞에 서성이는 외국인 노동자들….

그중에서도 가장 곤혹스러운 순간은, 나보다 연세가 훨씬 많아

보이는 분들이 노동을 하고 있는 현장을 지날 때입니다. 그럴 때는 걸음이 아주 빨라집니다. 그분들 눈에는 내 걸음이 어떻게 비칠까요?

처음엔 나의 사찰 순례 계획을 주위 사람이나 우연히 만나는 이들에게 아주 자랑스럽게 이야기했습니다. 하지만 순례를 한다는 게 알게 모르게 큰 죄를 저지르고 돌아다니는 일임을 깨달았습니다. 돈이 없어서, 건강이 허락되지 않아서, 또 시간이 없어서 하루하루를 옥죄어 사는 분들의 마음을 전혀 헤아리지 못했으니까요. 공주시 계룡면 갑사를 가는 길에 우연히 만난 할아버지와 대화를 나누던 중에 나의 순례 계획을 듣고는 "돈 자랑하러 다니거나, 아니면 올바른 정신이 아니다"라며 꾸중을 하시는 겁니다. 법전이나 큰스님의 법문이 아니라 삶에 지친 촌부의 한마디가 나의 정신을 번쩍 차리게 만들었습니다.

지금 나의 걸음은
정당한가

사찰 중에는 내가 상상했던 것 이상으로 큰 사찰도 있었지만, 작지만 큰 울림을 주는 사찰도 많았습니다. 제천 덕주사를 출발해 월악산 상봉을 넘고, 신륵사를 경유해 청풍면에 도착했을 때는 아주 늦은 시간이었습니다. 당시는 몸도 안 좋고 순례에 대한 의욕도 떨어져 제천 정방사를 끝으로 도보를 그만둘 생각이었습니다.

다음 날 지도를 보며 정방사를 찾아가는데, 어느 리조트 앞에서 제지를 하더군요. 정방사에 가려면 리조트 아랫마을을 통과해서 가라는 것이었습니다. 리조트 주변에 송이 재배 지역이 있는데 아마도 리조트 관계자가 저를 몰래 송이 채취하러 온 사람으로 오인했던 모양입니다. 기분이 언짢았으나 할 수 없이 리조트를 우회해 절에 도착했습니다.

힘이 쫙 빠진 상태에서 절 입구에 배낭을 벗어두고 사찰 마당에 서자, 어제 넘어온 월악산 영봉과 청풍호가 절묘하게 어우러진 풍광이 눈앞에 펼쳐졌습니다. '이런 곳에서 진리를 구하려고 했던 이는 어떤 사람이었을까?' 감탄을 하며 본전인 원통보전으로 가는데, '유구필응(有求必應)'이라는 편액이 보였습니다. '(간절히) 구하는 것은 (언젠가는) 이루어진다'는 뜻입니다. 그 순간 온몸에 전율이 흘렀습니다. '지금 내가 간절히 구하는 것은 무엇인가?' 아무도 없는 법당 앞에서 생각에 잠겨 지나온 세월을 반추해보았습니다.

여태까지 나는 도대체 뭣을 추구하며 살아왔는가? 그저 이 산 저 산 뛰어다니다 밤이면 이 친구 저 친구 불러내 술잔이나 돌리고, 술에 취해 공자가 어떠니 맹자가 어떠니 니체가 어떠니 하며 나 자신도 잘 모르는 소리나 지껄이며 살아오지 않앉던가. 부모님께 좋은 아들도 아니고, 자식들에게 좋은 아버지도 아니었으며, 아내에게는 좋은 남편도 아니었다. 친구들의 깊은 고민을 이해하지도 못했고, 사촌의 가난을 외면하기도 했잖은가.

그동안 잘못했던 언행들이 마치 원심분리기 안의 기생충 알처럼 내 의식 밖으로 튀어나왔습니다. 무엇보다 아무런 의미 없이 시간을 낭비한 것이 내 가슴을 가장 아프게 했습니다. 나는 부끄러웠고 비로소 발가벗겨진 나의 본모습을 볼 수 있었습니다. 이 절을 마지막으로 끝내려고 했던 108사찰 순례를 그만둬서는 안 되겠다는 생각이 들었습니다.

어느 사찰이든 목표로 해서 걸어갈 때는 항상 '나의 걸음은 과연 정당한가?'라는 질문을 떠올립니다. 그것은, 경거망동하게 움직이는 것을 경계한 고승들의 가르침을 곱씹어볼 수 있기 때문입니다. 괜히 몸만 괴롭히는 고행이 아닌지도 반추해봅니다. 76세의 노구로 상원사를 지켜낸 한암 선사는 이렇게 말씀하셨습니다.

죽음은 커다란 일이다.
시간을 낭비하지 말라.
시간은 무상하고 빠르다.
그리고 시간은 사람을 기다리지 않는다.

1년이면 충분할 것이라고 생각했는데, 막상 이런저런 사정으로 부산을 오가는 시간이 많아지면서 어느덧 순례 2년째가 되어갑니다. 다녀간 사찰의 수도 108곳을 훌쩍 넘어서 300곳에 다다랐습니다. 어쩌면 '108'이라는 숫자는 그저 상징적인 의미인지도 모르겠습니다. 거죽만 불자인 나에게 108사찰 순례는 많은 것을 가르쳐주었습니다.

'떡목공연장'으로 유명한 익산 심곡사를 찾았을 때 요사에 걸린 서산대사의 『선가귀감』에 있는 내용이 생각납니다.

> 출가하여 승려가 됨이 어찌 작은 일이랴! 몸을 편안히 하려는 것도 아니요, 잘 입고 배불리 먹으려는 것도 아니며, 명예와 재물을 구하려는 것도 아니다. 나고 죽음을 면하기 위함이요, 번뇌를 끊기 위함이요, 부처님의 혜명을 잇기 위함이요, 삼계를 벗어나 중생을 건지기 위함이니라.

그렇습니다. 이제야 나는 삶의 의미를 조금 알 것 같습니다. '삼계를 벗어나 중생을 건지기 위한 길'이 나를 건지고 타인을 건지는 길이었습니다. 대승불교가 추구한 '상구보리(上求菩提) 하화중생(下化衆生)'의 의미를 가슴속 깊이 새기게 되었습니다. 길이 가르쳐준 진리입니다.

이제 곧 내 나이도 일흔. 더 이상 낭비할 시간이 없습니다. 뭔가

이 혹독한 세상을 위해 미력이나마 힘을 보태야 할 것 같습니다. 가난한 이웃을 생각하고 힘없는 이들에게 보다 깊은 관심을 보낼 것입니다.

   내일은 내소사에서 산을 넘어 부설거사가 창건했다는 월명암으로 가는 날입니다. 이곳에서 나는 나의 결심이 물거품이 되지 않기를 빌고 또 빌 것입니다.

— 상월결사 이사장상 —

완전한 불자가 되어간다는
의미를 깨닫다

-
진여래 김여원

불교 집안의 만딸로 태어났지만, 불교와의 인연은 초등학생 시절 엄마 손 잡고 절에 몇 번 다닌 것이 전부였습니다. 사실 그 몇 번도 절에서 주는 점심밥이 맛있어서였습니다. 종교에 큰 의미를 두지 않은 채 학창 시절을 보냈고, 그런 시간들은 결혼 전까지 지속되었습니다. 그러다가 결혼을 하고 큰딸을 낳아 기르던 중 진지하게 종교를 접할 기회가 생겼습니다. 첫아이가 세 살 되던 무렵, 집주인 아주머니의 제안으로 성당에서 세례를 받으며 처음으로 신앙생활을 시작했습니다.

그렇게 별다르지 않은 나날을 보내던 어느 날, 남동생이 갑작스럽게 사망했다는 연락을 받았습니다. 중학교 3학년이던 남동생이 자전거를 타고 문제집을 사러 가다가 교통사고를 당한 것입니다. 너무나 갑작스러운 비보에 충격을 받아 어찌할 바를 몰랐습니다. 지난 5년간 성당을 그렇게 열심히 나가며 기도했건만 막상 가족의 죽음 앞에선 하느님을 떠올릴 겨를조차 없었습니다. 머릿속엔 온통 '어떻게 이런 일이 나에게 일어날 수 있지?'라는 생각뿐이었습니다.

한동안 힘든 시간을 보내다가, 계속 이렇게 슬픔에만 빠져 있어선 안 되겠다는 생각에 마음을 다잡고 다시 성당을 찾았습니다. 그런데 그때 처음으로 믿음의 뿌리가 흔들리는 일을 경험했습니다. 성당에 나오지 않았으니 그간의 일을 신부님께 고해성사하여 죄를 용서받아야 한다는 것이었습니다. 하지만 나는 그 교리를 도무지 납득할 수가 없었습니다.

'동생이 사고로 죽은 것이 나의 죄가 될 수 있는 걸까? 나는 무엇을 위해 신에게 용서를 구해야 하는 걸까?'

마음이 내키지 않았지만 어쩔 수 없이 고해성사를 했습니다. 그러나 예배를 보는 내내 받아들이기 힘든 마음과 싸우느라 기도도 하는 둥 마는 둥 집으로 돌아왔습니다. 그 후로 나는 흔히 천주교에서 말하는 '냉담'을 시작하였습니다.

내가 찾던 종교가
여기 있구나

그렇게 몇 년이 흐른 후, 가족들과 우연히 합천 해인사로 여행을 갔습니다. 법당 안으로 들어가려 했지만 선뜻 용기가 나지 않았습니다. 냉담을 하고는 있지만 아직 천주교 신자라는 생각에 마음이 쉽게 열리지 않았습니다. 그렇게 한참을 법당 밖에서 서성거리고 있는데 한 스님께서 내게 말을 걸어왔습니다.

"보살님은 왜 법당에 안 들어가세요?" 하시기에 "스님, 저는 천주교 신자예요. 그런데 요즈음은 성당도 나가지 않아요"라고 답하며 지난 몇 년간의 이야기와 몇 가지 궁금증을 말씀드렸더니 책 한 권을 주셨습니다. 그때는 별로 감사하다는 생각 없이 의례적인 인사만 드린 채 집으로 돌아왔고, 스님께 받은 책은 몇 날 며칠 탁자 위에 덩그러니 놓여 있었습니다.

그렇게 며칠이 흐른 뒤 집 안을 정리하다가 스님께서 주신 책이나 한번 읽어볼까 하는 생각으로 기대감 없이 책을 펼쳐 읽기 시작했습니다. 그런데 이게 웬일인가요! 내가 평소에 의문을 가지고 궁금해하던 모든 해답이 그 책 속에 있는 것이었습니다. 왜 누구는 잘살고 누구는 가난한지, 무엇 때문에 병들어 고통받는 사람과 단명하여 일찍 죽는 사람이 있는지 등등 그러한 모든 일이 바로 자신이 지은 전생의 업이라는 원인에 의해 현생에 결과를 받는 것이라는 사실을 알게 되었습니다. 그 순간 '아! 내가 찾던 종교가 바로 여기 있구나!' 하는 생각이 들면서 벅차오르는 마음을 어찌할 줄 몰랐습니다. 그리고 오랜 시간 나를 괴롭혀왔던 남동생의 죽음도 겸허히 받아들일 수 있게 되었습니다.

며칠 뒤 마음의 정리를 마친 나는 남편에게 모든 사실을 말하면서 종교를 바꾸겠다고 했고, 남편은 고맙게도 내 생각에 동의해주었습니다. 그렇게 우리 부부는 몇 년간 기도드렸던 십자가와 성경책, 미사보, 묵주 등을 산에다 묻으며 마지막으로 감사의 인사를 드리고, 강남 봉은사로 향했습니다.

그날부터 나는 불교와의 소중한 인연을 맺게 되었습니다. 설레는 마음으로 신도 등록을 하고 서점에서 책도 사서 불교 공부를 시작했습니다. 법회가 있는 날이면 경기도 광명에서 봉은사까지 한걸음에 달려왔습니다. 아침 일찍 움직여도 법당 안은 늘 신도들로 가득하여 아이들과 함께 마당 한 켠에서 예불을 봐야 했지만, 환희심이 나고 기뻐서 시간 가는 줄을 몰랐습니다. 천주교 냉담 시절에는 법당에 들어가지도 못하고 밖에서 기웃거리던 때가 있었는데 말이죠.

불교를 알아가면서 나의 가치관도 많이 바뀌었습니다. 전처럼 남을 의식하지 않고 비교도 하지 않게 되었습니다. 그리고 집안에 힘든 일들이 있을 때마다 기도를 하며 이겨내려 애를 썼습니다.

'부처님, 하루빨리 이 무거운 업장이 소멸되어 소원이 성취되게 하옵소서.'

그렇게 나는 불교와의 만남이 즐거워 절에서 보내는 시간이 많아졌습니다.

딸을 지켜준
약사여래부처님

하지만 시간이 지날수록 가족들의 불만이 점차 쌓여가기 시작했습니다. 여행을 계획하거나 가족 모임이 있어도 법회나 절 행사가 겹쳐서 참석이 어렵다고 하면 금세 차가운 반응을 보였습니다. 차츰 가족들은 나와 말도 하지 않는 좋지 않은 상황이 반복되었습니다. 게다가 작은딸은 종종 성당에 나가며 이런저런 문제를 신부님과 상의하는 듯 보였습니다. 하지만 좀처럼 자기 얘기를 해주지 않으니 엄마로서 어떻게 해야 할지 너무도 막막했습니다.

나의 전철을 그대로 밟고 있는 작은 딸에게 어떻게 부처님 법을 전해줄 수 있을지 매일 고민했습니다. 시간이 지날수록 가족 간의 대화는 줄어들고, 갈수록 나는 가정을 등한시하고 절에만 빠져 사는 사람이 되어가고 있었습니다.

부처님,
어떻게 해야 제 마음을 가족들에게 전달할 수 있을까요?
엄마가 절에 빠진 것도 가정을 등한시한 것도 아니라는 것을 알게 해주시고, 아무쪼록 제 딸들이 부처님 법을 만날 수 있게 해주소서.

수없이 절을 하고 또 했습니다.

그렇게 10년이란 세월이 훌쩍 흘렀습니다. 가족들도 나에게 무뎌진 것인지, 서로에게 마음의 숙제처럼 응어리를 남긴 채 시간은 멈추어 있는 듯했습니다. 그러고도 몇 해가 더 지난 2022년 5월의 마지막 금요일 오후, 작은딸에게 급하게 전화가 걸려왔습니다.

"엄마, 나 배 아파서 병원 왔는데 여기로 좀 와야 할 것 같아."

딸의 전화를 받고 깜짝 놀라 병원으로 달려갔습니다. 의사는 복강 안이 피로 가득하다며 어서 대학병원으로 가보라고 소견서를 써주었습니다. 응급실에 실려 간 작은딸은 몇 시간 동안 검사를 받고는 밤 10시가 다 되어서 수술실로 급하게 옮겨졌습니다.

'관세음보살 관세음보살 관세음보살…'

오로지 관세음보살님을 부르며 딸의 수술이 잘되기를 기도했습니다. 딸은 자정이 넘어서야 수술실 밖으로 나왔습니다. 수술이 잘되었다는 의사의 말을 듣고 그제야 안도의 숨을 내쉬었습니다.

그로부터 며칠 뒤, 서서히 회복 중이던 딸이 놀라운 이야기를 해주었습니다.

"엄마, 수술실에서 마취하기 전에 무서운 마음이 들어서 아미타부처님과 관세음보살님께 수술 끝날 때까지 옆에 있어달라고 기도했는데, 꿈속에 약사여래부처님이 나오셨어."

나는 그 말을 듣는 순간 온몸에 소름이 돋았습니다. 지금 다니는 절에서 개인 부처님을 모시는 불사가 있었는데, 그때 딸에겐 말하지 않았지만 약사여래부처님을 모셨기 때문입니다. 평소에 부처님 말씀을 전해주면 듣는 둥 마는 둥 하더니, 그래도 부처님을 마음에 담고 있었던 딸이 고마웠고, 딸을 지켜준 부처님이 너무나 감사했습니다.

나중에 하안거 결제를 마친 주지스님께 딸의 수술 이야기를 말씀드리자, 『자비도량참법』 한 권을 주시며 작은딸에게 꼭 읽어보라고 하셨습니다. 딸은 그 책을 다 읽고서 자신이 왜 병에 걸려서 아프고 고통을 받았는지 그 이유를 알 것 같다며, 30년 전 나처럼 딸에게도 생각의 변화가 찾아온 듯 보였습니다. 딸도 내 손을 잡고 초등학생 시절부터 절에 한두 번씩 따라다닌 것이 전부였는데, 그 위급한 순간 엄마가 믿는 부처님을 떠올리고 기도를 했다는 것이 나에겐 너무나 감사했습니다. 또 그동안 나의 기도가 헛되지 않았음을 확신하게 되었습니다.

부처님 품 안에서 일어난
기적 같은 변화

이후로도 작은딸은 스스로 날짜를 정해 새벽기도를 올리고 출근하고 있으며, 올해도 출가열반재일 정진기도 법회에 참석했습니다. 기도하고 정진하며 진리의 길을 걷고 있는 모습이 너무나도

대견합니다.

부처님 품 안에서 변화를 겪은 건 큰딸도 마찬가지입니다. 큰딸이 공무원 시험공부를 시작할 무렵 천일기도 입재를 시작하였고, 일 년이 지나고서 큰딸은 공무원 시험에 합격하였습니다. 나는 부처님께 감사한 마음을 담아 남은 기간까지 정진하여 무사히 천일기도를 회향할 수 있었습니다.

몇 달 전 큰딸이 직장에서 인사 발령을 받아 부서를 옮기게 되었는데, 상사와 갈등을 겪고 있다며 내게 울면서 말한 적이 있습니다. 엄마로서 너무 속상했지만 그런 순간에 내가 해줄 수 있는 건 오직 부처님께 기도하고 상대를 미워하지 말라는 말뿐이었습니다. 그런 나의 마음이 통했는지 큰딸이 『법화경』 사경을 시작했다는 말을 전하며 마음이 진정되는 것 같고 상사와의 관계도 신기하게 괜찮아졌다고 했습니다. 불교에 별 관심 없던 큰딸도 이제는 나를 잘 이해해주고, 봉축등도 스스로 접수하고 감사의 설판도 올릴 줄 아는 불자가 되었습니다.

두 딸에게 일어난 이 기적 같은 변화는, 힘든 시절 무수히 절을 올리던 나의 기도를 그저 가만히 들어주고 계셨던 부처님의 무량한 가피이며 보살핌이라 생각합니다. 그동안 활짝 열리지 못했던 딸들의 마음도 이제는 열려 있음을 느낍니다. 십 년이 넘는 세월 동안 서로에게 마음의 숙제로 남아 있던 그 응어리들이 각자의 알맞은 시간이 되자 비로소 눈처럼 녹아내려서 부처님의 제자로 하나가 된 것 같습니다.

자승 큰스님께서 말씀하신 "이번 생의 성불은 다음 생으로 미루고 부처님 법을 전하자"는 그 간절한 메시지가 가족 간에도 결코 쉽지 않다는 것을 절실히 느꼈습니다. 그러나 그토록 바라고 바라던 두 딸에게 불법을 만나게 해달라는 나의 간절한 기도가 결국엔 성취되었듯이, 이제는 온 세상이 불국토가 되는 대원을 세워 봅니다.

다시 한 번 부처님께 기도 올립니다.

부처님, 매 순간 정말 감사합니다.
나무 석가모니불
나무 석가모니불
나무 시아본사 석가모니불.

| 군종교구 교구장상 |

군 입대와 초발심

원명 이세상

꽃다운 나이 스무 살에 대학에 입학했다. 아이들이 좋아 유아교육과에 지원하였고, 여학우들이 많은 유아교육과에 들어가 행복한 대학 생활을 즐기고 있었다. 그러나 대학 생활 중에도 가슴속에 무엇인가 찜찜한 느낌이 계속되었다. 남자라면 이행해야 하는 병역의 의무 때문이었다. 정든 집을 떠나 낯설고 엄격한 환경에서 1년 6개월을 보내야 한다니, 솔직히 겁이 많이 났고 가기 싫은 마음도 컸다.

입대를 앞두고 군대 관련된 영상을 열심히 찾아보던 중, 우연히 한 비구니 군법사님이 군대 법당에서 병사들과 같이 사탕을 포장해 다른 병사들에게 보시하는 영상을 보게 되었다. 밭을 일구고 설법을 하고 병사들과 상담을 하는 등 정말 많은 일을 하시는데도 법사님의 표정은 조금도 힘들어 보이지 않았다. 어찌나 온화하시던지, 영상을 보고 신기함과 호기심이 생겨 찾아보니 군종병과라는 보직이 있고, 그중에서도 불교 군종병에 지원하면 군 법당에서 근무할 수 있다는 걸 알게 되었다. 무언가에 꽂힌 듯 그 법사님의 표정이 계속 생각이 나서 결국 불교 군종병에 지원하였다.

군종병으로 선발되다

당시 나는 불교 신자였지만, 정확히 말하면 부처님 가르침을 잘 알지는 못하는 불자였다. 그저 부모님과 자주 절에 가고, 무언가 바라는 게 있으면 부처님께 절을 하고 기도를 했다. 불교 군종병에 지원한 후 면접이 있다는 소식을 듣고 석 달간 불교 공부에 매진했다. 부처님의 생애, 공사상, 연기법, 육바라밀, 초발심자경문, 금강경 등등 정말 밤새도록 공부했다. 군대에 대한 불안감, 불교 군종병이 되고 싶은 열망으로 더더욱 매진했다.

공부할수록 부처님의 가르침이 얼마나 체계적이고 현실적인지 알 수 있었고, 또 고통의 근원과 고통에서 벗어나는 방법을 알려주신 부처님의 가르침에 깊은 감명을 받았다. 그동안 나는 거짓된 불자였구나 싶었다. 부처님은 복을 주시고 소원을 들어주시는 분이 아니라 우리를 고통과 근심에서 벗어나게 도와주시는 분임을 새삼 느꼈다.

　군종병 면접을 보러 대구에서 계룡시 면접장까지 3시간 정도가 걸려 도착했다. 면접장에는 3명의 군법사님이 계셨고, 면접이 끝나갈 즈음 나에게 하고 싶은 말이 있냐고 물었다. 나는 "『초발심자경문』에 따르면 '소가 마신 물은 젖이 되고 뱀이 마신 물은 독이 된다'라는 구절이 있습니다. 저는 같은 군 생활이라도 의미 있고 뜻깊은 군 생활을 보내고 싶습니다!"라는 말로 면접을 마쳤다.

　감사하게도 나는 불교 군종병으로 선발되었다. 입대 전날 부모님과 함께 자주 가던 사찰을 찾아 주지스님께 인사를 드리고 법당에 올라가 절을 하였다.

　부처님,
저는 군대에 가지만 군대 안에 있는 부처님 도량에서 일을 합니다. 비록 제가 속세의 군인일지라도 절에서 일하는 만큼은 절의 수행자라고 생각하고 열심히 일하겠습니다.

초발심의 서원을
잊지 않겠습니다

논산훈련소에 도착하니 장소며 분위기, 숨 쉬는 것 하나하나가 생소했다. 사회에 있을 때보다 확실히 갑갑하고 어색했다. 알록달록한 옷을 벗고 국방색 군복으로 갈아입으니 이제 진짜 군인이 된 것이 실감이 났다.

총을 쏘고 산을 기어오르고 구르는 등 군 생활은 몸이 천근만근이라는 말이 체감될 정도로 너무나 힘들었다. 그중에서 가장 힘든 것은 행군이었다. 수십 킬로그램이 나가는 군장을 메고 5시간 동안 계속 걸어야 했다. 처음 1시간 정도는 괜찮았지만 2시간이 지나자 다리가 시큰거리고 무거운 군화가 발바닥을 쓸어 물집이 잡혔다. '그만하고 싶다', '저기서 쉬면 정말 편할 텐데'라는 생각이 머릿속을 가득 채웠다. 그러나 곧 '부처님은 이보다 더 힘든 고행도 하셨는데, 이쯤이야' 생각하면서 마음을 고쳐먹었다. 숨을 깊게 들이마시고 행군이 용맹정진이라는 생각으로 다시 걸었다. 힘들 때마다 '석가모니불 석가모니불…'을 염불하며 온 마음을 다해 부처님을 불렀다. 그러자 몸은 피곤해도 마음은 정말이지 편안해졌다. 행군이 끝난 후엔 뿌듯함과 자신감이 가득 넘쳤다.

주특기 교육을 받고 자대 배치를 받아 법당으로 첫 출근을 했다. 그런데 법당엔 법사님을 제외하고 법당에서 일하는 사람이 나뿐이었다. 이 큰 법당을 혼자 관리해야 한다니, 정말 눈앞이 캄캄해지고 앞날이 막막했다.

매일 샛별이 뜨는 새벽녘에 일어나 부처님 전에 초와 향을 켜고 옥수를 올리며 새벽 예불을 드리고, 일요 종교 행사 때는 공양할 많은 음식 재료들을 씻고 다듬고 커다란 가마솥에 요리를 하고, 사람들이 공양하고 나면 음식물을 치우고 그릇들을 설거지 했다.

이뿐만이 아니다. 한여름에는 비지땀을 흘리며 법당 앞에 자란 풀을 뽑고, 매일 혼자 법당을 쓸고 닦고 관리했다. 문득 '밖에선 즐거운 대학 생활을 하고 있을 텐데, 나는 지금 뭐 하는 거지?'라는 생각이 떠올라 머릿속을 어지럽혔다. 그런 생각들이 나를 점점 더 힘들게 했다. 밥이 목으로 안 넘어가고 빨리 밖에 나가고 싶고, 쉬고 싶고, 자고 싶다는 번뇌와 망상이 마음속에서 떠나지 않았다. 그러다 보니 일은 손에 안 잡히고, 앞으로 1년이나 더 남은 군 생활이 막막하게 느껴졌다.

그렇게 흔들리는 마음을 다잡을 수 있게 해준 분은 법사님이셨다. 그날도 여느 날과 다르지 않게 법사님의 법문을 듣고 있었다.

"초발심시변정각(初發心是便正覺)이라는 말이 있습니다. 초발심이 문득 정각을 이룬다는 말입니다. 하지만 초발심에 세운 마음은 하루가 지나면 지속하기 어렵고 이틀이 지나면 더 지속하기 어려워집니다. 그 초발심의 서원과 마음가짐을 지속하는 것이 수행입니다. 여러분의 초발심은 무엇인가요?"

그 이야기를 듣는 순간 망치로 머리를 세게 얻어맞은 듯한 느낌이 들면서 순간 온몸에 무언가 알 수 없는 전율이 느껴졌다.

군종병이 되어 의미 있는 군 생활을 하겠다고 면접관들에게 이야기하던 나는, 입대 전 부처님 전에서 일하는 동안만큼은 수행자의 마음으로 열심히 살겠다고 다짐하던 나는, 용맹정진으로 행군을 끝마친 나는 어디로 가버리고 지금 게으름과 번뇌 망상으로 가득 차 있었던 것이다. 나 자신이 너무나 부끄럽고 어리석다는 생각이 들었다. 샛별처럼 반짝이던 나의 초발심, 나의 서원은 번뇌 망상과 게으름의 때로 물들어 찬란한 빛을 잃고 있다는 것을 깨달았다.

다음 날 새벽예불을 마치고 새벽녘 샛별을 보며 마음속으로 다짐했다.

부처님,
지난 세월 제가 지은 게으름과 어리석은 마음을 진심으로 참회합니다. 입대하기 전 세웠던 서원으로 군에 있더라도 수행자처럼 지극정성으로 일하겠습니다. 어떤 일이 있어도 수행이라 생각하고 용맹으로 정진하겠습니다.

마음만 바꾸어도
삶이 달라진다

법당 일은 여전히 힘들었지만, 힘들다는 생각이 들 때면 마음속으로 알아차리고 입대 전 세웠던 서원을 생각하며 번뇌 망상을 뿌리치려 노력하였다. 그러다 보니 예전 같았으면 일을 하다가도 '아, 귀찮아. 힘들어'라고 생각했을 테지만, 지금은 '부처님, 많은 사람에게 맛있는 음식을 공양할 수 있게 해주셔서 감사합니다. 부처님 도량을 청정하게 치울 수 있어서 감사합니다. 이 또한 수행이라고 생각하고 열심히 하겠습니다'라는 마음으로 임하려고 노력한다.

물론 일을 하다 보면 쉬고 싶을 때가 있고 게으름 피우고 싶을 때가 있다. 그럴 때마다 입대하기 전 사찰에서 세웠던 서원을 생각하며 다시 마음을 가라앉힌다. 다른 사람들이 보면 '정말 미련하다', '군 생활이 뭐가 감사하냐?'라고 생각할 수 있겠지만 상관없다. 누가 나에게 미련하다고 해도 좋고 위선이라고 해도 좋다. 할 일은 여전히 많지만 예전과 다르게 지금의 내 마음은 어떤 일을 하더라도 편안하고 행복할 따름이다.

그래서인가. 법당 신도분들과 간부님들은 언제부턴가 나를 보면 절에서 묵묵히 일하는 것이 꼭 스님 같다면서 '세상 스님'이라고 부르며 아껴주신다. 그사이 힘들었던 법당 업무는 어느새 보리심을 위한 행복한 수행으로 바뀌었고, 1초가 하루처럼 길기만 하던 국방부 시계는 마음을 고쳐먹자 순식간에 지나가서 이등병이던 나는 어느새 전역을 앞둔 병장(진)이 되었다.

군인이라는 신분과 일하는 곳, 업무는 그대로지만, 달라진 나의 마음가짐 덕분에 정말 많은 것들이 바뀌었다. 정말이지 '초발심시

'변정각'이라는 말이 내 마음속에 큰 울림을 주고 깊게 스며든 것 같다. 앞으로 살아가면서 어떤 고난이 있을지 모르겠지만, 군에서 겪은 이 경험을 통해 어떤 일이든 부처님 법과 나 자신, 나의 굳은 서원에 의지하면서 세상살이 모든 일이 수행이라는 생각으로 묵묵히 정진하겠다고 다짐해본다.

혹시 누군가 입대를 앞두고 있거나, 지금 하는 일 때문에 힘들어한다면 이런 말을 해주고 싶다.

"세상살이는 정말 쉽지 않고 사건도 많고 참 힘들어요.
그럴 땐 마음속으로 다짐이나 결심 하나 세워보세요.
그리고 힘들거나 지칠 때 그 마음을 찬찬히 들여다보면서
처음 했던 결심을 되새겨보는 거예요.
물론 쉽지 않겠지만 계속하다 보면 고통과 번뇌가 가득한
사바세계가 환희심 가득한 불국토로 바뀌어 있을 거예요.
우리 모두 파이팅입니다!"

마지막으로 입대 전 나를 응원해주신 주지스님, 군종병에 지원할 수 있도록 이끌어주신 유튜브 속 법사님, 나와 부처님의 인연, 나태한 군 생활을 활력 있는 수행 생활로 이끌어주신 호국 충의사 법사님, 시방세계 모든 인연에 감사 인사를 드린다. 이렇게 수많은 인연과 사람들에게 큰 도움을 받았으니, 보답하는 마음으로 고

통받고 있거나 힘들어하는 사람들을 위해 내가 할 수 있는 최선의 노력을 다해 부처님 법을 전할 계획이다.

우리 모두 고통의 바다에서 벗어나 열반의 언덕으로 가는 그날까지 다 같이 힘내자!

나무 석가모니불
나무 석가모니불
나무 시아본사 석가모니불.

— 동국대학교 총장상 —

청년 불자들의 산실,
상월청년회 활동을 회고하며

묘명 김서윤

"서윤아, 나랑 같이 일 하나 해볼래?"

2020년 총학생회 활동을 함께했던 총학생회장 제준 오빠에게 갑자기 연락이 왔습니다. 대답을 하기도 전에 오빠는 한마디 더 남겼습니다.

"다음 주 토요일 수국사, 오전 9시까지 와."

영문도 모른 채 호기심에 이끌려 수국사를 찾아갔습니다. 불교를 건학 이념으로 하는 대학에 다니면서도 절은 처음 가보는 거라 어색했지만 신선한 경험을 안겨주었습니다. 처음 하는 합장에 쭈뼛거리는데도 웃으면서 합장을 받아주는 보살님과 거사님들, 무서워 보였지만 생각과 다르게 친절하고 가벼운 농담까지 던지시는 트렌디한 스님들까지, 절에 대한 나의 인식이 완전히 바뀌는 순간이었습니다.

그렇게 찾아간 절에서 만난 오빠는 함께 청년회를 결성하자고 말했습니다. 당시 수국사는 상월선원 총도감 호산 스님의 제안에 따라 '상월청년회'를 만들고자 하는 움직임이 있었습니다. 상월청년회는 상월선원 회주 자승 스님이 비불자 108명에게 부처님 인연을 맺어주겠다는 원력으로 출발한 수미산 원정대의 청년 버전이나 마찬가지입니다. 호산 스님은 젊은 불교, 역동적인 불교의 해답을 청년 불교에서 찾았고, 곧 상월청년회를 결성하는 촉매가 되었습니다.

서리와 달을 벗 삼아
마음을 바라보는 삶의 실천

대학에서 광고홍보학과를 전공한 나는 홍보와 관련된 여러 활동을 진행해봤기 때문에 상월청년회 홍보 담당으로 영입되었습니다. 또한 코로나19로 대학 생활도 제대로 못 누렸기 때문에 많은 사람을 만나보고 싶다는 열망으로 청년회에 참여하게 되었습니다.

청년회 인스타그램을 개설해서 열심히 청년회 영입 활동을 이어갔습니다. '서리와 달을 벗 삼아 마음을 바라보는 삶의 실천'을 캐치프레이즈로 내걸고 3주간의 모집 기간 끝에 총 30명을 모을 수 있었습니다.

그렇게 시작된 입재식에서 〈삼귀의〉와 〈반야심경〉이 흘러나왔습니다. 지금은 자다가 깨도 바로 부를 수 있을 만큼 익숙하지만, 당시엔 그저 입만 뻐끔거리며 주변 사람을 따라 하기에 바빴습니다. 무슨 뜻인지도 모르고, 주위를 따라가기에 급급했습니다.

정신을 차려보니 상월결사 회주 자승 스님, 서울 약사사 주지 범해 스님, 윤성이 동국대학교 총장님까지, 뉴스에서만 보던 사람들이 눈앞에서 청년회 결성을 축하해주는 것을 보며 상월청년회 활동을 가볍게 여기면 안 되겠다는 생각이 들었습니다. 더 깊은 책임감을 가지고 불교가 더욱 중흥할 수 있도록 노력해야겠다고 다짐했습니다.

법회를 통해
마음의 안정과 평온을 찾아가다

이후 매일 법회가 이어졌습니다. 코로나 시국에 맞게 온·오프라인을 병행해서, 한 주는 친목을 도모하며 가벼운 내용으로 진행하고, 한 주는 교리 공부를 진행하는 등 번갈아서 법회가 진행됐습니다. 법회를 진행하면서 느낀 것은, 현대 사회의 속도와는 다르게 그 자리에선 시간이 천천히 흘러갔다는 것입니다. 같은 목적으로 모인 이들이지만 서로 다른 삶의 이야기를 나누는 그 공간에서 흐르는 에너지는 마치 따뜻한 차 한잔을 마시며 친구와 이야기를 나누는 것처럼 편안했습니다.

그 당시 나는 미래에 대한 불확실과, 내 생각과는 다른 대학 생활에 불만을 느끼며 불안정한 상태였습니다. 내면의 깊은 불안함을 해소할 방법이 없어 회피하기에만 급급했습니다. 그런데 불교를 접하고 법회에 참여하면서 안정과 평온을 찾기 시작했습니다.

불교의 가르침에 따라 마음을 정화하고, 법회에서의 소소한 순간들이 나에게 큰 위안과 용기를 주었습니다. 그곳에서 얻은 평온한 순간들은 내면의 불안을 달래주고, 불확실한 미래에 대한 두려움을 극복하는 데 큰 도움이 되었습니다. 덕분에 나 자신을 온전히 받아들이고, 현재의 고민과 불안을 극복하며 새로운 시각으로 세상을 바라보게 되었습니다.

나의 변화에서 시작된 전법 활동

그렇게 1년이 지났습니다. 불교를 만나기 전 불안과 걱정이 정신을 지배하던 이전과 다르게, 청년회 활동을 하면서 내면의 불안감을 이겨내고 자신감을 키울 수 있었습니다. 불교는 우리에게 인생의 변화와 불확실성을 받아들이는 방법을 가르쳐준다고 생각합니다.

마음의 평화와 균형을 찾게 해주는 이러한 가르침 덕분에 나는 내면의 강인함과 평안함을 키우고, 마음이 조금 더 단단해진 사람이 되었습니다.

특히 동안거를 체험해본 것이 큰 도움이 되었습니다. 처음엔 토요일 아침마다 새벽 5~6시에 일어나서 2시간 동안 앉아 있는 것이 고역이었습니다. 그러나 바쁜 일상에서 매주 한 번쯤 조용한 공간에서 명상하고, 마음에 집중하는 시간이 매우 소중하게 느껴졌습니다. 깜박 졸다가도 곧 정신을 차려 마음을 집중하고 마음 깊은 곳에서 안정을 찾기 위해 노력하는 시간을 가졌습니다. 이를 통해 일상생활에서의 스트레스와 불안을 줄이고 깊은 내면의 평화를 찾을 수 있었습니다.

나 자신의 변화 이외에도 전법 활동도 열심히 참여했습니다. 부처님오신날에 육법공양을 도맡아 진행하기도 하고, 연등회가 열리는 날 오와 열을 맞춰 대형 장엄등을 밀면서 신행 활동을 하고 인스타그램에 그날의 활동을 생생히 남겼습니다. 더 많은 사람들이 청년회를 주목하기 시작했고, 가입 문의가 늘었습니다. 불교를 청년 친화적으로 바꾸기 위한 우리의 노력은 성공적이었고, 나 개인적으로도 좀 더 청년회를 부흥시키고자 하는 욕심이 생겼습니다. 이에 상월청년회 3기부터 회장을 맡아 임기를 시작했고, 1년 동안 청년회를 이끌게 되었습니다.

교리의 실천과
나눔의 가치

이제는 불교가 낯선 이들을 위해 법회 순서를 안내하고 사찰 예절을 가르칠 수 있는 상태에까지 이르렀습니다. 게다가 회원 수가 60명을 넘어서서 교리 공부는 물론이고, 친목에도 집중해서 하나의 네트워크를 긴밀히 구성하기 위해 노력하고 있습니다.

상월청년회 회장으로 이끈 여러 활동 중 부처님오신날, 연등회 참여를 비롯해 특히 불교계 최대 청소년 교학 축제인 나란다축제를 진행한 것이 인상 깊었습니다. 동국대학교 일원에 천막을 설치하여 진행된 안거 체험에 참여하였고, 그 체험을 통해 상월결사 정신을 깊이 느낄 수 있었습니다.

이후 상월결사 인도 순례의 정신을 이어받은 남산 순례길 코스를 재단 측과 함께 구성하여 조장을 맡아 걷기 순례를 진행했습니다. 짧은 남산을 다녀오는 것도 이렇게 힘든데, 인도 순례에는 얼마나 큰 열정과 인내가 필요할지 감히 상상할 수도 없었습니다. 엄청난 여정을 마치고 회향한 분들이 정말 대단하다는 생각이 들었고, 나 역시 그분들처럼 용기와 인내를 가지고 내 삶을 살아가야겠다고 다짐했습니다.

그 밖에 사회 공헌 활동도 진행했습니다. 강북장애인종합복지관에서 주관하는 봉사 프로그램에 참여하여 의미 있는 다양한 활동을 했습니다. 주민들의 취미와 사회활동 지원, 일상생활에 필요한 위생관리 공간 지원, 그리고 식사 지원까지 총 3개 팀으로 나누어 활동했습니다. 대표적으로 강북구 지역주민 식사 및 배식 지원, 탁구교실 보조, 보행길 점검 및 꽃밭 가꾸기, 휠체어 세척 같은 봉사활동에 참여했습니다.

불교와 봉사활동은 긴밀하게 연결되어 있다고 생각합니다. 불교는 자비와 관용, 그리고 이웃을 위한 봉사의 중요성을 강조합니다. 그리고 봉사는 자아실현과 타인에 대한 연민을 통해 성찰과 성장을 이루는 과정이기도 합니다. 봉사활동 과정에서 자아실현과 평화를 경험하고, 이를 통해 불교의 교리를 실천하고 나눔의 가치를 깨달을 수 있었습니다.

소중한 인연들과
불교적 삶으로 나아가겠습니다

상월청년회 회장을 맡은 것은 내 인생의 큰 영광이자 동시에 책임감을 발휘할 수 있었던 소중한 기회였습니다. 어려운 일도 많았지만 청년회를 통해 만난 인연들은 회장직을 수행하는 데 있어 큰 힘이 되었습니다. 그 인연은 우리가 서로를 이해하고 배려하는 마음으로 모이게 하였고, 함께 협력하여 '전법'이라는 목표를 달성하는 데 중요한 역할을 해주었습니다.

　이러한 인연이 있었기에 모임을 이끌면서 어려움을 극복하고, 성공적인 신행 활동을 해나갈 수 있었습니다. 또한 새로운 도전을 두려워하지 않고, 책임감 있게 이끌어나갈 수 있는 자신감을 심어주었습니다. 불교 속 인연의 중요성을 깨닫고, 서로의 지지와 협력을 통해 더 나은 세상을 만들어나가는 데 기여할 수 있는 자리에 서게 된 것에 큰 보람을 느낍니다.

　청년회 활동을 통해 얻은 소중한 경험을 바탕으로 앞으로도 계속해서 전법 활동을 이어가고, 남은 인생을 불교와 함께하겠습니다. 불교의 가르침과 인연은 내 삶의 큰 버팀목이 되었기에 이를 토대로 더 나은 삶을 만들어나가고자 합니다. 불교의 가르침에 따라 나눔과 상호 존중의 가치를 중시하며, 사회적 책임과 봉사의 의무를 다하고자 합니다.

　또한 전법 활동을 통해 마음의 평화와 지혜를 깊이 있게 이루어나가며, 불교의 가르침을 실천하고 더 나은 사람으로 성장하기 위해 노력하겠습니다. 이 모든 것들을 통해 나의 삶이 더욱 의미 있고 풍요로워질 수 있도록 노력하며, 불교의 가르침을 바탕으로 세상을 밝게 비춰가겠습니다.

— 포교사단 단장상 —

오늘도 묵묵히
내 마음 안의 부처님을 의지하면서

바라밀 김동자

1988년 4월 17일은 나의 결혼기념일입니다. 올해는 36번째 결혼기념일을 나 홀로 맞았습니다. 남편의 이름은 신동환! 그는 참으로 어진 사람으로, 나를 불교로 이끄는 데 핵심 역할을 한 사람입니다. 나는 고등학교는 기독교 재단, 대학교는 천주교 재단이었으니 결혼 전에는 불교란 것이 마음 안에 존재할 겨를이 없었습니다.

그런데 막 결혼했을 무렵, 남편이 "성철 스님을 뵙기 위해서는 3천 배를 해야 한다. 난 고시 공부할 때 3천 배를 하고 성철 스님을 친견했다"고 말하였습니다. 와! 어떻게 3천 배를 하지? 3천 배라는 자체가 내게는 너무나 대단한 일로 여겨졌습니다.

그 뒤로 아이들 손을 잡고 부산의 모 사찰에 간 적이 있지만, 법당 안으로 들어가서 부처님을 친견하지는 못했습니다. 그렇게 불교와의 첫 인연은 봄바람처럼 스쳐 갔습니다.

서울살이
초보 불자

1993년 남편의 근무지를 따라 서울로 이사해야 했기에 우리 가족은 쪼들리는 살림에 집값이 저렴하다고 소문난 서울 은평구 증산동에 터전을 마련하였습니다. 남편 월급만으로는 커가는 아이들을 뒷바라지하고 살림하기에 항상 빠듯한 때였습니다.

그 무렵, 서울 은평구 역촌동 삼보사에 다니기 시작했습니다. 일요일 법회 때마다 불상을 바라보면서 '저의 모자란 부분을 채워주십시오' 하고 기도했습니다. 스님이 법문하실 때마다 5분간은 집중을 하였으나, 나머지 시간은 내 생각으로 가득 차 있던 시기였습니다. 공양간에서 밥 짓는 냄새가 법당까지 스며들 때면 맛있는 점심 먹을 생각을 잠시 하다가, 그 생각은 또다시 '오늘 저녁에는 무슨 반찬에 무슨 국을 끓일까? 남편과 시장 근처에서 만나 반찬거리를 사서 아이들과 같이 따뜻한 밥과 국에 반찬을 만들어서 오순도순 화기애애한 저녁 시간을 보내야겠다'는 그런 생각 말이지요.

그러다가 생각은 남편으로 향했습니다. '남편은 3천 배를 해서 성철 스님을 뵈었다는데, 불심은 없는 걸까?' '매번 법당까지 날 태워다주면서 정작 본인은 왜 법당에 들어오지 않을까?' 열심히 법문을 설하고 계신 스님을 앞에 두고 나의 마음은 온갖 것으로 가득 차 있었습니다. 남편이 떠나기 전까지 왜 법당 안으로 들어오지 않았는지 대답을 듣지 못했으니, 지금도 그 질문은 의문으로 남아 있습니다. 자신이 떠날 것을 알았기에 의지할 곳을 만들어주고자 했던 것일까요?

생각지도 못한
시동생 빚보증

그러던 어느 날, '이달 월급이 왜 이렇게 늦지?' 의문을 가지던 찰나, 남편이 사업하는 시동생 빚보증을 서서 월급이 차압당하고 있다는 걸 알게 되었습니다. 아뿔싸! 이미 모든 일이 일어난 후였고, 이제는 일 처리만 남은 상황이었습니다. 매일 우체부가 와서 무슨 서류를 전달하는데, 거기에는 남편이 보증을 선 내용이 있었고, 그 서류는 내가 직접 도장을 찍고 수령해야 했습니다. 가슴 밑바닥에서 참을 수 없는 마음이 용솟음쳤습니다.

내가 이 돈을 10원이라도 썼던가? 아니면 남편이 이 돈에서 단돈 10원이라도 썼던가? 명치가 꽉 막힌 느낌에 앞으로 살아가야 할 길마저 뚝 끊어져버린 느낌이었습니다. 빚에 허덕이며 어떻게든 아이들과 살아야겠다 발버둥 지며 살아왔는데, 생각지도 못한 시동생의 빚이라니….

나 혼자서는 이 난관을 돌파해나갈 자신이 없어 스님을 찾았습니다. 스님께서는 기도하라는 말씀을 해주셨습니다. '정법계 진언 21독', '호신진언 21독', '관세음보살 본심미묘 육자대명왕 진언 옴 마니반메훔 108독', '준제진언 108독', '축원', 그리고 마지막에 '반야심경 1독'을 하라고 했습니다. 새벽 5시에 일어나서 일주일 동안 쉬지 말고 기도하라는 스님의 당부가 있었지만, 일주일 기도를 3일 밖에 채우지 못했습니다.

마음의 고난에 시달리는 것은 나뿐만이 아니었습니다. 남편도 마음고생이 이만저만이 아니었던지 잠을 자는 동안 식은땀을 많이 흘려 속옷을 갈아입고 다시 잠을 청해야 했습니다. 시동생의 빚으로 아내의 마음에 구멍이 생긴 것을 아는 데다, 하필 이 당시 남편이 회사에서 구조조정 담당자였기에 사람들을 잘라낼 수밖에 없는 상황이었습니다. 그 일을 성공적으로 수행해서 본의 아니게 팀장으로 고속 승진을 하였으나 본인은 그 일로 너무나 괴로웠던 것이었습니다.

가족의 생계를 짊어진 가장의 책임감을 누구보다 잘 아는 사람이었기에 자기 손으로 잘라내야 하는 그 심정이 오죽했을까요. 참으로 어진 사람이었기에 그렇게 밤마다 식은땀을 한 바가지씩 흘리며 괴로워했던 것이었습니다. 온 국민이 IMF의 소용돌이에 휩싸이던 때, 우리 가족도 그 태풍을 뚫고 나아가기 위해 애쓰고 있었습니다.

나를 죄인으로 만들고
저세상으로 떠난 남편

1999년 5월의 어느 날, 남편은 저세상으로 훌쩍 떠나버렸습니다. 그날의 생생한 기억과 쌍둥이 아들들과 나를 남겨둔 채로. 수억의 빚 속에 나를 죄인으로 만들어둔 채로.

  새벽 2~3시 무렵, 남편의 회사 직원에게 전화가 왔습니다. 남편이 많이 취해 있으니 와서 데려가야 한다고요. 전화를 받고 나가 보니 남편 가슴에 피가 많이 묻어 있었고, 나는 술에 취해서 그러려니 했습니다. 그러나 그때가 남편의 생과 사의 마지막 순간이었습니다. 부처님 마음으로 헤아려 사람을 봐야 하는 순간이었으나 난 몸을 주체하지 못할 정도로 술을 마신 남편이 미웠습니다. 동이 텄지만, 저에겐 그저 흑백의 세상, 아니 암흑의 시간이 시작되었습니다. 남편은 이제 이 세상 사람이 아니었으니까요.

  남편 회사에서 배려해준 덕분에 남편이 다니던 회사에 취직했습니다. 출근해서도 내가 왜 여기 앉아 있는지 혼란스러웠습니다. 잠이 들 때면 두 아이는 아빠가 없는 쓸쓸함을 아는지 모르는지 제 곁에 딱 붙어 잠을 청했습니다. 내 몸은 아주 하잘것없는 작은 물체인 것 같았고, 그럴 때마다 염주를 배 위에 올려놓고 부처님을 불렀습니다. 새벽 5시 일어나 잠옷 바람으로 108배를 하였습니다. 100일 동안 무슨 일이 있더라도 아침에 108배를 해야겠다고 마음을 다잡았습니다.

하루는 기도하다가 문득 '나는 왜 남들이 편안히 잠자고 있는 이 새벽에 홀로 일어나 기도하고 있을까?'라는 생각이 들었습니다. '그래, 하루만 기도를 쉬자.' 하지만 그 하루는 1주일, 2주일로 흘러갔습니다. 다시 기도하다가 쉬기를 반복하다가 어느 순간, 100일 동안 하루도 빠짐없이 108배를 해낸 걸 알았습니다. 그 계기로 2010년도부터는 매일 기도하는 습관이 들었습니다.

내 마음에 자리한
불성

이 무렵 밖으로만 향해 있던 시선이 내 마음으로 향하게 된 계기가 있었습니다. 어느 날, 한 직원에게 간단한 일 처리를 맡기고 잠시 밖에 나갔다가 사무실로 돌아왔는데, 그 직원이 내가 준 자료는 처리할 생각도 없이 인터넷 서핑만 하는 모습을 보고 순간 화가 치밀어 올랐습니다. 그런데 화가 일었던 그 마음을 알아차리니 갑자기 화가 내려가는 것이 아니겠습니까? 너무나도 신기한 경험이었습니다.

그 당시 기도 법문 수행에 전력을 다했던 기억이 납니다. TV는 항상 BTN 불교TV, BBS 불교방송에 고정해놓았으며, 스님들 법문에 마음을 두고 귀에 꽂히는 글귀가 있으면 인터넷이나 그 스님을 직접 찾아가 질문하기도 했습니다. 한번은 한마음선원 대행 스님의 '주인공에 관하라'라는 법문이 이해되지 않아 도반들에게 물었습니다. "주인공이 뭔가요?" "아! 그건 마음이에요."

그렇다면 마음은 뭘까? 주인공에 관하라고 말씀하시는데, 주인공은 뭘까? 들어도 이해할 수 없는 대목이었습니다. 그러다가 2년이 지났을 무렵 주인공은 내 마음속에 자리한 불성이라는 사실을 어렴풋이 알아차렸습니다.

'내가 세상에 나왔으니 나란 사람의 존재 목적이 있을 것인데… 나란 존재는 무엇일까? 난 왜 세상에 태어났을까?' 하는 의문이 생겼습니다. 그리고 힘들 때마다 마음속을 자세히 들여다보았습니다. 내 안의 불성을 찾기 위해 많은 노력을 기울였습니다. 속상한 일이 생겨도 인연으로 인해 잠시 생겨나는 일이라 여긴 덕분에 힘든 상황을 이겨낼 수 있었습니다.

2010년 이후로는 매일 새벽 정갈하게 법복으로 갈아입고 기도를 올리고 있습니다. 예전에는 108배 수행이었으나, 지금은 나름대로 기도 책을 만들어서 읽기도 합니다. 『금강경』 7독, 지장보살 염불 수행과 더불어 요즘은 『천수경』 낭독, 『능엄신주』 낭독, 각산 스님의 새벽명상으로 기도하면서 일과를 시작합니다. 지금은 『능엄신주』 1만 독을 목표로 기도하고 있습니다. 새벽 3시에 알람을 맞춰놓고 3시 20분에 기도를 시작하여 4시 50분에 마무리하는 식으로 기도를 일상화하고 있습니다.

부처님이 늘 나와 함께한다는 생각을 잊지 않고, 남을 미워하거나 원망하는 마음이 일어날 때도 '부처님! 보셨지요? 제 속에서 일어나는 마음을…' 하면서 부처님을 생각하는 마음으로 돌려놓고 있습니다. 상대방이 화로 가득 차서 얘기할 때도 그에 동요되지 않고 듣는 힘도 생겼습니다.

어느 순간부터 항상 내 안의 부처님을 찾고 그 부처님과 대화하고 있는 나를 발견합니다. 힘든 일이 있을 때는 부처님께 묻습니다. "부처님, 이 일을 어떻게 하지요? 제가 능력이 있을까요?" 하고 물으면 "괜찮느니라" 하고 답을 주시는 것 같습니다. 길을 가면서도 지장보살을 염불하고, 지하철을 탈 때도 법문을 듣고 있습니다.

하지만 나의 가장 간절한 기도는 언제나 아이들을 향해 있습니다.

부처님! 나의 아들들이 저로 인해 세상을 슬픔으로 보고 있습니다. 제 죄를 용서해주세요. 그들에게 희망의 빛을 주시옵소서. 남편을 잃을 제 슬픔을 감당하지 못해 아이들에게 슬픔을 주고 있는 저를 용서해주시옵소서. 아이들이 제 갈 길을 잘 간다면 저도 세상을 위해 보탬이 되는 존재로 살아가고 싶습니다.

내가 처음 불교를 접했을 때는 원하는 바를 성취하기 위한 기복 신앙으로 시작했으나, 이제는 내 안의 부처님을 믿고 그 존재를 향하여 스스로 해결할 수 있다고 의지하면서 기도하고 있습니다. 그 덕분인지 지금 나를 있게 해준 모든 이에게 감사하는 마음이 일어났습니다. 내 마음 안에 있는 부처님을 친견하고 하루하루 일어나는 수많은 갈등을 부처님께 바치면서, 오늘도 내 안의 부처님을 발견하고자 하루를 열어가는 중입니다.

내가 언제 이 많은 옷과 책과 물건들을 집 안에 가득 채우고 있었을까요? 하지만 끊임없이 채우고자 하는 욕망들로 오늘도 허덕이고 있는 내 마음을 살펴주시옵소서!

나는 욕심이 너무 많은 사람입니다. 불성이 내 안에 자리 잡아 들끓는 번뇌 망상을 내려놓고 지혜로 살아갈 수 있게 해주시길 오늘도 서원합니다. 내 앞에 나타나는 번뇌 망상들, 이것들은 내 마음속에서 지은 인연으로 일어나는 현상이라 생각하면서, 오늘도 묵묵히 내 마음 안의 부처님을 의지하면서 가치 있는 삶을 그려나갑니다. 오늘도 묵묵히 내 마음 안의 부처님을 의지하면서.

전국여성불자회 회장상

찬불가 선율을 타고 흐르는 엄마의 음성

-
보승지 김민정

세상에 단 하나뿐인 나의 엄마. 엄마가 내 곁을 떠난 지 수년이 흘렀지만 내 가슴속에는 엄마의 숨결과 음성이 여전히 살아 움직이는 듯하다. 엄마가 떠난 후 나는 힘겨운 시간 속에서 찬불가를 만났고, 법음을 통해 엄마를 기억하고 있다.

　우리는 세상을 살아가면서 어떤 일이 일어날지 예측하지 못한 채 다람쥐 쳇바퀴 도는 삶을 굴리고 있다. 그런 가운데서도 엄마는 예지력이 있었는지 아니면 늙음에 대한 예측을 한 것인지 모르겠지만 늘 한결같이 말씀하셨다.

　"혹시 내가 중병이 들어 아프게 되면, 나는 집 놔두고 양로원(요양원)에는 가고 싶지 않다."

　하지만 늙고 병들어가는 인생사가 마음대로 되는 것은 아니다. 엄마도 예외일 수는 없었다. 2012년 엄마가 경도인지장애 판정을 받은 후부터 내 삶 또한 질서를 잃고 헤매기 시작했다. 4남매를 키우면서 울고 웃었던 엄마의 모든 기억은 점차 희미해지며 삶을 갉아먹었다.

부처님을
만나다

치매는 가족과 함께했던 모든 아름다운 추억을 송두리째 망각하는 아주 무서운 병이다. 심해지면 콧줄로 식사하며 연명해야 하기에 환자뿐만 아니라 가족에게도 치명적이다. 엄마를 간호하겠다고 직장까지 그만두며 굳은 마음을 지키려고 했지만, 시간이 지날수록 내게도 힘겨움이 찾아왔다.

무거운 짐을 어딘가에 풀어놓고도 싶고, 이 상황을 벗어나 달아나고도 싶었다. 불자인 막냇동생과 달리 절 근처도 가본 적 없는 내가 불교에 귀의하게 된 것은 우연히 찾아간 지방의 어느 사찰 주지스님을 뵙고 나서부터다. 자식도 알아보지 못하고 낯선 사람 대하듯 하는 엄마 앞에서 절망감을 느끼며 힘들어할 때마다 스님에게 의지하며 시간을 견뎠다. 부처님께 귀의한다는 뜻을 알게 되었고, 어설프게나마 불자 흉내를 내며 흘러간 세월이 어느덧 6년이 되었다.

2018년 8월, 엄마의 몸은 세상살이를 버텨내기에 너무 작아져 버렸고 스님은 내게 "어머님을 보내드릴 준비를 하라"고 하셨다. 나는 스님께 울면서 매달렸다. 엄마가 연명할 수 있는 부적이라도 써 달라고 떼를 썼다. 스님은 "그게 된다면 100장이라도 써줄 수 있지" 하셨다. 결국 나는 체념하고 그날부터 병세가 깊어져 말수가 줄어든 엄마를 끌어안고 등을 쓰다듬으며 부처님과 관세음보살님을 찾아 기도에 매진했다. "제 목숨을 3년만 줄여주시고 대신 엄마가 3년 더 살 수 있게 해주세요. 엄마 혼자 힘으로 음식을 씹어 삼키게 해주세요"라고 울면서 기도를 시작했다. 지푸라기라도 잡는 심정으로 떼쓰는 어린아이가 되어 날마다 기도했다.
　치매에 걸리면 과거의 기억으로 여행을 가기도 한다는데, 엄마도 5살 때 돌아가신 부모님이 보고 싶다며 울면서 과거를 넘나들었다. 그럴 때마다 나는 엄마를 꼭 안아주며 "엄마의 엄마는 엄마 가슴속에 있잖아" 하고 토닥여주었다.

부처님 뜻대로
하옵소서

그렇게 엄마의 치매가 조용히 지나간다고 생각하던 어느 날, 엄마에게 갑자기 큰 심경의 변화가 생겼다. 평소와 다르게 큰소리를 지르며 화를 내고 용변을 들고 밖으로 나가는 등 안 하던 행동을 보였다. 가족 모르게 집 밖으로 나돌아다니다가 관리사무실에서 연락이 와서 엄마를 데리고 들어오기도 했다.

하루하루 힘든 시간이 흘렀다. 엄마는 말수가 점점 줄어들었고 의사 표시를 하는 것조차 어려워 종일 몇 마디 내뱉지 못할 때가 많았다. 퇴행성 관절염과 척추 협착증으로 허리가 아파 걷지 못하면서 어쩔 수 없이 누워 지내야 했다. 낮에는 내가 엄마의 대소변을 받아냈고, 야간에는 직장에서 돌아온 막내아들이 그 일을 했다. 내 목숨을 내놓겠다며 부처님께 빌고 빌었지만, 잇몸 염증으로 음식도 삼키지 못하면서 엄마의 병세는 악순환이 계속됐다. 건강하게 잘 웃으면서 우리에게 한없이 인자하던 어여쁜 엄마의 모습은 온데간데없고, 수분 빠진 채소처럼 축 늘어져 소멸해가는 노인이 있을 뿐이었다. 엄마를 보는 괴로움이 클수록 슬픔도 비례하여 억장이 무너져내렸다. 점점 병간호에 지쳐가던 나는 나도 모르게 엄마를 안고 '부처님 뜻대로 하옵소서'라는 기도를 하고 말았다.

결국 엄마는 힘겹게 버티던 삶을 당신이 태어난 생일을 2주 남겨놓고 홀연히 인연 따라 떠나버렸다. 4남매가 다 모인 임종 자리에서 말 한마디 남기지 못하고 떠난 엄마. 그저 측은지심에 가슴이 미어져 하염없이 눈물만 줄줄 흘렸다.

"사랑해요, 엄마. 걱정하지 말고 편안하게 가세요. 엄마의 아들, 딸로 태어나게 해주셔서 고맙습니다."

자식들의 애끓는 통곡의 말을 들었는지 엄마의 감은 눈에서도 눈물이 주르륵 흘러내렸다. 그렇게 엄마는 내가 다시는 만져볼 수 없는 먼 곳으로 떠났다. "회초리보다는 말을 무서워해라", "남에게 뭘 줄 때는 좋은 것만 주어라" 하고 입버릇처럼 우리에게 일러주셨던 엄마는 "죽은 다음에 높은 산의 바위가 되고 싶다"던 평소 유언대로 아래를 내려다볼 수 있는 높은 곳에 수목장으로 모셔드렸다.

부처님 말씀 따라
살겠습니다

인연이 있는 사찰에서 엄마의 극락왕생을 발원하며 49재를 모시고 돌아왔다. 슬픔이 옅어지기를 기다렸으나 시간이 지날수록 뻥 뚫린 듯한 가슴은 더욱 시려왔다. 날마다 공허함 속에서 지내던 어느 날, 불교방송에서 흘러나오는 찬불가를 우연히 듣게 되었다. 〈어디로 가야 하나〉라는 제목이었는데, 그 찬불가가 내 가슴에 큰 울림을 주면서 내가 어디로 가야 하는지를 되짚어보게 했다.

그날을 계기로 부처님께 귀의하기로 결심했다. 엄마를 병간호하면서 회복을 기원하던 기복 신앙과는 다른 정법을 마주했다. 제대로 부처님 법을 만나고 보니 무조건 부처님과 관세음보살님을 찾으며 엄마의 수명 연장을 기도했던 과거의 내가 부끄러웠다. 생로병사의 무상함과 인연법을 알게 되었고, 찬불가를 통한 경전의 말씀을 들으며 환희로움이 차올랐다. 틈날 때마다 유튜브에서 찬불가를 반복해 들으며 가사 한 소절 한 소절을 외우면서 따라 불렀다.

언제부턴가 엄마를 떠나보낸 슬픔이 점점 옅어졌다. 인생살이가 한바탕 꿈이라 생각하니 현실을 있는 그대로 받아들이게 되었다. 부처님 말씀에 가슴이 아려오기도 하고 목이 메는 경험도 했다. 여건이 허락될 때마다 전국을 돌아다니며 부처님을 찾았다. 장대같이 쏟아지는 폭우를 뚫고 굴 법당 참배 뒤에 휴휴암 묘적전에서 하염없는 눈물로 참회도 하고, 백담사 부처님을 친견하고 환희심에 가득 차기도 했다.

적멸보궁인 영월 법흥사, 정선 정암사를 순례하며 사시 예불 예법을 익혔고, 공양 올리는 예절, 영가 전에 기도하는 법, 사찰 예절 등도 배웠다. 오대산 상원사와 홍천 수타사, 치악산 상원사, 고성 건봉사, 강화 전등사, 괴산 각연사, 가평 현등사, 팔공산 갓바위 부처님, 난생처음으로 힘겹게 올라간 봉정암 사리탑 친견과 철야기도로 환희로웠던 순간들, 잊지 못할 대구 동화사의 첫 템플스테이 등 수많은 사찰의 부처님을 만나면서 나는 진정한 불자가 되어갔다. 그리고 알게 되었다. 부처님은 전국 사찰에 계시기도 하지만 엄마를 묻은 내 가슴속에도 계신다는 것을….

기복적 신앙에서
경전 중심의 불교로

재적사찰에 나가지 못하는 날은 불교방송 예불 시간에 함께 기도를 올리고 유튜브에서 찬불가를 열심히 찾아 노랫말을 되새기며 들었다. 특히 자명 스님의 찬불가는 진흙 바닥에 엎어진 나를 일으켜 세워주었고, 덕신 스님은 우물 안의 개구리였던 나를 세상 밖으로 인도해주셨다. 신심이 깊어지면서 작사자 스님을 찾아뵙기도 하고 찬불가 공연을 찾아다니기도 했다.

찬불가로 치유된 내 마음은 불교 교리 공부에 대한 열망으로 이어졌다. 막냇동생의 도움으로 집에서 멀지 않은 불교대학에 입학하여 입문반과 대학반 과정을 공부했다. '기복적 불교에서 경전 중심의 불교로, 교단주의 불교에서 신행 중심의 불교로, 형식주의 불교에서 수행 본위의 불교로'라는 불교대학의 방향에 따라 내게 남아 있던 기복적 불교의 성향은 경전을 열심히 찾아 읽는 경전 중심으로 방향이 바뀌었다. 불교대학 공부가 끝나고 도반들과 봉사를 하며 이타행을 알게 되었고, 교만과 자만에 사로잡혀 살던 지난 날들을 떨쳐버리게 되었다.

하루는 혜성 스님의 〈사랑해요 부처님〉 찬불가를 듣다가 가슴속에 살아 있는 엄마의 소리를 듣게 되었는데, 그때부터 조금씩 세상이 아름다워 보이기 시작했다. 보는 시각이 달라지니 좋지 않은 일이 생겨도 내가 아닌 상대 관점에서 먼저 생각하고 바라보는 마음의 여유도 생겨났다. 날마다 눈을 뜨면 새롭게 태어난 느낌이 들었고 오직 감사함으로 하루를 보냈다. 『보왕삼매론』을 읽으면서는 몸이 아파도 견딜 수 있었고 내 힘으로 숨 쉴 수 있음에 그저 고마웠다.

이제 내가
가야 할 곳은

요즘 나는 대승불교의 이념인 불이사상과 동체대비심으로 아침저녁 감사의 기도를 올린다. 다른 한편으로 지금까지 받아왔고, 또 이 생이 다하는 날까지 받을 주위의 수많은 인연의 은혜에 보답하는 의미로 다음 생에는 출가 수행자의 삶을 살고 싶다고 기도한다. 그렇게 되기를 관세음보살님 전에 서원을 세워놓고 어떤 고난과 역경이 닥쳐오더라도 흔들리거나 물러남 없는 굳건한 신심과 용기와 지혜를 구하며 매일매일 내 마음을 다잡아나가고 있다.

　내가 부처님을 만나지 못했더라면 오늘 이렇게 내 삶에 당당하지 못할 것이며, 현재와 같은 변화된 삶은 상상조차 할 수 없었을 것이다. 불교대학을 만나게 해준 막냇동생에게 고마운 마음이 가장 크다.

창밖에서 환하게 웃고 있는 영산홍과 눈 맞춤을 하며, 처음 내 마음을 움직였던 자명 스님의 찬불가 〈어디로 가야 하나〉 가사를 되뇌어본다.

어디로 가야 하나 어디로 가나
실안개 피는 언덕 넘어 흔적도 없이
어디로 가야 하나 어디로 가나
밤은 깊고 설움 짙어 달빛도 무거운데
가다 보면 잊을까 넘다 보면 잊을까
인생 고개 넘어 넘어 가다 보면 잊을까

오늘 울려 퍼지는 찬불가 선율에서는 엄마의 음성이 들리는 듯하다. 나는 이제 어디로 가야 하는지 알 것 같다.

사람이 사람에게 주는 최고의 선물은
황금도 아니고 보석도 아니다.
진실한 마음, 착한 마음,
아름다운 마음을 주는 것이 최고의 선물이다.

_화엄경

3부

간절한 마음으로 깨달음을 얻다

— 교정교화전법단 단장상 —

삶이 세상에 미치는 영향

-
구○○

나는 염세주의자다. 세상은 썩어빠졌고, 그곳엔 내가 설 자리가 없다고 생각하며 살아왔다. 생활고에 찌들어 남을 해치고 이곳에 들어와서도 마찬가지였다. 나로 인해 고통받은 사람들은 온데간데없었다. 대신 젊은 날을 이곳에 모조리 헌납해야 한다는 사실에 스스로를 불쌍한 인간으로 여겼다. '살아서 뭐 하나' 싶었지만 죽을 용기도 없었다. 수형생활은 늘 위태위태했고, 사람들과 부딪힐 때마다 뭐가 그리 억울한지 자기 연민에서 헤어나오지 못했다.

어느 날 유일하게 말을 트고 지내던 친구가 자기와 함께 종교생활을 하자고 제안했다. 불교참회반에도 부탁해볼 테니 꼭 같이 지냈으면 좋겠디며 손을 내밀았다. 사람은 자신보다 딱한 처지에 놓인 사람을 보며 위안을 얻는다고 했던가. 평소 나는 형기가 나보다 많은 그 친구를 보면서 억울함을 달랬지만, 친구는 오히려 이렇게 사는 내 모습이 안타까웠나 보다. 나는 친구의 제안을 받아들였다. 없던 신앙심이 갑자기 생겨나서 그런 것은 아니다. 24시간 전쟁터 같은 긴장감 속에서 어디든 벗어나고픈 도피처가 필요했을 뿐이다.

불교참회반 생활은 만만치 않았다. 교도소 내 불교 행사 준비와 마무리는 물론이고 예불, 독경, 교리 공부, 참선 등 빡빡한 일정을 따라가는 것만으로도 정신없이 바쁜 나날이었다. 몸이 힘드니 시간이 금방 흘러가는 듯했으나, 신심이 없는 종교 생활은 하기 싫은 숙제를 해치우듯 점점 의욕이 사라져갔다.

하루는 막내 이모가 접견을 왔다. 매달 어머니가 오시는 날이었지만 접견실 어디를 둘러봐도 어머니의 모습은 보이지 않았다.

"니 엄마가 강도를 당했지 뭐니!"

우물쭈물하던 이모의 입에서 터져나온 말은 충격적이었다. 어머니는 내가 걱정할까봐 이모를 대신 보내면서도 강도 얘기는 하지 말라고 부탁하셨단다. 순간 걱정과 분노가 소용돌이치더니 몸에서 힘이 빠져나갔다.

사건 당일, 어머니가 늦은 밤 귀갓길에 웬 남자가 가방을 빼앗으려 해 몸싸움이 일어났고, 결국 어머니가 넘어지면서 정강이뼈가 골절되었다고 했다. 이모는 하나뿐인 자식이 모르는 게 말이 되냐며 상기된 얼굴로 그날 일을 내게 털어놓았다. 어머니에 대한 걱정으로 내 귀에는 아무 말도 들리지 않았다. 억울함이 분노로 바뀌어 '왜 하필 어머니한테 이런 일이 일어난 거지?' 하는 생각뿐이었다.

그날 저녁, 결국 나는 아무 상관도 없는 동료에게 분노를 쏟아내고 말았다. 곧바로 종교실에서 쫓겨나 조사수용이 됐다. 한동안 잊고 있던 염세주의가 다시 발동했다. 늦은 밤 오만가지 생각에 잠을 설치다가 어디선가 읽은 잔혹동화 하나가 생각이 났다.

"날 업고 강을 건너게 해줘."
전갈이 강을 건널 수 있게 해달라고 개구리에게 부탁한다.
"니가 독침으로 날 찌르지 않는다고 어떻게 장담하지?"
개구리가 물었다.
"널 찌르면 나도 같이 강물에 빠져 죽을 텐데 내가 왜 그러겠니?"
전갈의 자신 있는 대답에 결국 개구리는 전갈을 등에 업고 강을 건넌다. 그러다 중간에서 물살이 세지자 놀란 전갈이 그만 독침으로 개구리를 찔러버린다. 함께 강물 속으로 가라앉으며 개구리가 물었다.
"도대체 왜 그랬어?"
그러자 전갈이 말한다.

"미안해 개구리야, 이게 내 본성인 걸 어쩌겠니?"

그러면 안 된다는 것을 이성적으로 알면서도 결정적인 순간에 본능을 따르는 나는 전갈과 다름없었다. 모든 중생에게는 불성(佛性)이 있다는 부처님의 말씀은 아무래도 오류가 있어 보였다. 사람을 해치고 이곳에 와서도 또다시 같은 잘못을 반복하는 나 같은 놈에게 불성이 있을 리 만무했다. 내게 본성이란 것이 있다면 아마도 악(惡) 그 자체일 것이다.

얼마 후 어머니가 접견을 오셨다. 어머니에 대한 걱정보다 분노가 앞선 나는 출소 후 그놈을 가만두지 않겠다며 어머니께 되레 윽박을 질렀다. 그러자 어머니가 말씀하셨다.
"그러지 마라. 그 사람은 구속됐고, 엄마는 이미 다 용서했다."
"엄마를 그렇게 만든 놈을 어떻게 그리 쉽게 용서할 수가 있어?"
"남을 해친 자식을 둔 어미가 자식과 똑같은 짓을 저지른 사람을 용서 못 할 것은 또 뭐니? 니가 고통을 준 사람들이 너를 용서해주길 간절히 바라는 마음으로 엄마도 그 사람 용서한 거다. 엄마가 널 위해 기도 많이 하니까 너도 용서를 비는 마음으로 충실하게 수형생활 하거라."
어머니의 말씀을 듣는 순간 머릿속이 하얘졌다. 내 어머니를 보면서 느낀 심적인 고통들, 그 끔찍함을 이제껏 나는 얼마나 많은 사람들에게 안겨주었던가. 어머니가 모진 일을 당한 후에야 내가 그동안 손가락질하며 증오했던 대상들이 나와 다르지 않음을 깨달았다. 그런 일을 당하면서도 못난 자식을 둔 죄로 오로지 자식이 용서받기만을 바라는 기도가 삶의 전부가 되어버린 어머니. 결국 어머니는 내가 그렇게 만든 것이나 다름없었다.

접견이 끝나고 돌아온 뒤에도 어머니 말씀이 귓가에서 떠나질 않았다. 후회라는 단어로는 다 표현되지 않는 생소한 느낌, 뭔가를 해야겠는데 뭘 해야 할지 모를 답답함, 익숙하지 않은 감정들 속에서도 한 가지 분명한 것은 앞으로의 삶은 이전과는 달라져야 한다는 것이었다.

'용서는 어떻게 구해야 하지?' '그간의 수많은 악업들은 어떻게 씻어야 하는 거지?' '내가 형기를 마친다 한들 죗값이 모두 사라질까?' 막막한 마음에 염치 무릅쓰고 불교참회반 문을 다시 두드렸다. 하지만 그쪽에서 단호하게 거부했다. 그럴 만도 했다. 그간의 전적들이 말해주듯 나는 이미 이곳에서 '단체생활 부적격자'로 낙인찍혀 있었다.

그날 밤 나는 관물함에서 책 한 권을 꺼내 펼쳐보았다. 어머니가 집건 후 넣어준 참회진언 사경 노트였다.

'옴 살바 못자 모지 사다야 사바하'

뜻도 알지 못하는 이 주문을 쓰고 외우면 업장이 소멸된다고 했다. 정말 그럴까? 나는 마음을 다잡고 희미하게 인쇄된 참회진언 글자 위로 힘주어 볼펜을 움직여보았다. 갓 초등학교에 입학해서 새 공책에 이름 쓸 때의 설레임 같은 것이 느껴졌다. 언젠가 불교 참회반에 있을 때 흘려들었던 참회 방법이 생각났다. 남에게 보이기 위해서가 아니라 자기 자신을 거울에 비추어 보듯 허물을 끄집어내어 진실한 마음으로 뉘우치는 것, 바로 '발로참회'다.

평생을 무엇이든 나 유리한 대로 생각하며 살아왔다. 나는 옳고 너는 틀렸다는 오만함은 우월감으로 굳어졌고, 그것은 뭘 해도 괜찮다는 정당성을 주었다. '이런 내가 발로참회를 제대로 할 수 있을까?' 이번엔 참회할 일들을 차분하게 마음속으로 떠올리며 참회진언을 써 내려갔다.

나로 인해 고통받은 이들을 위해 진심으로 참회합니다.
못난 자식을 둔 죄로 늘 노심초사하는 부모님을 위해 진심으로 참회합니다.
평생을 오만하고 이기적으로 살아온 제 자신을 진심으로 참회합니다.

사경 횟수가 늘어날수록 어느새 나는 시간여행을 하고 있었다. 기억하고 싶지 않은 과거의 어느 시절로 돌아가 그러지 말았어야 했던 내 행동들을 멀리서 바라보았다. 관찰자의 시선은 어느새 거울이 되어 머리끝부터 발끝까지 나를 비추었다. 어릴 적 어머니 지갑에 처음으로 손을 댔던 일, 거짓말로 선생님을 속였던 일, 이유 없이 약한 친구를 괴롭혔던 일 등 지금까지 악업으로 점철된 나를 마주하는 일은 불편하기 짝이 없었다. 잘못을 저지른 나 자신을 인정하는 것보다, 지금의 모든 상황을 결국 나 스스로가 만들었다는 사실이 비참했다. 그러면서도 세상 탓만 하고 살아왔으니, 나는 대체 어떤 인생을 살아온 것인가?

사경이 6개월가량 이어질 무렵 나는 새로운 국면을 맞이했다. 언제부터인가 나를 대하는 주변 사람들의 태도가 달라진 것이다. 사나운 개를 피하듯 나를 멀리하던 사람들이 먼저 다가와 말도 걸어주고, 농담도 서슴지 않았다. 동료들과 음식을 만들어서 나눠 먹을 때는 '이곳도 살 만하구나' 하는 생각마저 들었다. 불교 담당 직원의 배려로 불교교리 수업에도 참석할 수 있게 되었다.

오랜만에 찾은 법당은 전과는 다른 묘한 편한 느낌을 주었다. 모든 것은 그대로였다. 변한 것은 내 마음가짐뿐이었다. 이내 스님의 강의가 시작됐다.

"이것이 있으므로 저것이 있고, 이것이 생기므로 저것이 생긴다. 이것이 없으면 저것도 없고, 이것이 사라지면 저것도 사라진다."

부처님께서 '연기'에 대하여 말씀하신 내용이다. 즉 모든 존재는 그 존재를 성립시키는 여러 가지 원인이나 조건에 의해서 생겨나고, 소멸할 때도 여러 가지 원인이나 조건에 의해서 사라지게 된다. 서로는 서로에게 원인이 되기도 하고 조건이 되기도 하면서 상호의존적으로 함께 존재하는 것이다.

연기의 원리에 의하면 세상에 우연히 생기거나 독자적으로 존재하는 것은 하나도 없다. 전적으로 상대적이고, 상호의존적으로 존재한다. 예를 들면 내가 이 자리에 존재하는 것은 부모님이 나를 낳으시고, 사회적 환경의 영향을 받으면서 형성된 것이다. 또한 하늘과 땅, 태양, 바람과 같은 자연이 더불어 존재하기 때문에 삶이 지탱될 수 있는 것이다. 결국 사람과 사람, 자연과 자연, 이 모든 것들이 이렇게 서로 관계를 맺으며 존재할 수 있는 것이다.

과거에 내가 했던 말과 행동, 생각들도 어떤 식으로든 내 주변에 영향을 미쳤을 것이고 그것이 시공간을 돌고 돌아 상호작용하면서 지금 이 자리에 내가 있게 된 것일 테다. 혹시 그 때문에 내 과오와는 아무런 상관도 없는 어머니에게까지 내 과오의 여파가 미친 것은 아닐까?

한때 내 잘못을 정당화하기 위해 부처님의 말씀까지도 나의 의미로 집어삼키려 했던 오만함은 이제 '일체중생 살유불성(一切衆生 悉有佛性, 모든 중생에게는 불성이 있다)'이라는 거대한 진리 앞에 무릎을 꿇었다. 애초에 과거의 잘못을 반복하지 않기 위해 매사 경계와 노력을 게을리하지 않아야 했음에도 애써 전갈을 자처해온 나는 결국 외부로 탓을 돌리기 위해 스스로를 증오해왔는지도 모른다.

이제 나는 세상을 향한 억울함도, 어머니에게 해를 입힌 사람에 대한 원망도 거뒀다. 대신 내 삶의 일부가 된 참회기도와 함께 매일 선업을 쌓아가는 일이 나와 가족, 나아가 주변 사람들에게까지도 회향하는 길임을 일상을 통해 배워가고 있는 중이다. 이런 내 진심과 노력이 언젠가는 연기의 힘이 발해서 나로 인해 고통받은 모든 분들의 상처가 조금이라도 치유될 수 있기를, 또한 내게도 용서받을 수 있는 기회가 생길 수 있기를 감히 서원해본다.

— 교정교화전법단 바라밀상 —

기도 또 기도

—
박○○

당신 있음에 행복합니다.
당신 있음에 감사합니다.
당신 있음에 힘이 납니다.
당신 있음에 최고입니다.
당신 있음에 다행입니다.

오랜 밤이 쌓이면 무명이 되나. 나는 오래된 무명 속에서 저만치 그어져 오는 여명을 본다. 옷깃은 낡았고 쪽빛은 바래진 지 오래지만, 여전히 물든다는 것은 어려운 일이다.

첫걸음마를 떼는 아기처럼 이제 와서 한발을 내딛는 것이 이토록 어려운 일임을 깨닫게 되는 것은 그 발걸음의 무게가 어떠한 의미인지 뼈저리게 알아버린 탓이다. 걸음을 내딛어도 될까, 꼬옥 품은 씨앗을 싹틔워도 될까, 과연 내가 그런 존재가 되어도 될까. 망설인 끝에 용기를 낸 시간이 십수 년이 흐른 지금에서야 겨우 알게 된 것이다. 더욱 조심스러워지고 소중해지고 다시 살아지게 되는 것이다.

기도는 하면 할수록 어렵고 힘이 든다. 왜냐하면 '이만하면 되었겠지' 하는 아상(我相)이 생기기 때문이다.

처음 시작된 기도는 어머니의 권유 때문이었다. 어머니는 내가 교정기관에 들어오고 나서 하루도 빠짐없이 기도하신다. 꼭 나만을 위한 기도는 아니다. 나와 비롯된 그리고 온 우주의 인연들에게 참다운 길을 걸을 수 있도록 기도를 하신다. 그런 어머니의 마음이 먹먹하면서도 다른 한편으로는 현실적이지 못하다는 생각이 들기도 한다.

그렇지 않은가. 궁한 것은 당장인데, 어떻게 올지도 안 올지도 모를 막막한 것을 기다리면서 살란 말인가. 나는 이런 편협한 생각 때문에 이러지도 저러지도 못하면서 스스로 함정에 빠져서 마음고생을 했다.

"자신이 파놓은 함정보다 더 깊은 함정은 없다"라는 말이 있다. 이 말은 언젠가 내가 좋아하는 책을 읽다가 밑줄을 그어놓은 것인데, 지금 바로 내가 눈앞의 이익과 편안함을 궁색한 변명 삼아 자꾸만 구렁텅이로 향하고 있었다.

나는 하루에도 몇 번씩 온탕과 냉탕을 오갔다. 익숙함이 오래되어서 편안함이 되었고, 편안함은 나를 안주하게 만들었으며, 처음에 가졌던 초발심을 흔들리게 했다. 마음에 들지 않는 누군가로 인해서 자꾸만 마음에 미움이 생겼다. 한번 미운 마음을 품게 되면서 그 마음은 일파만파로 퍼져갔다. 사사건건 시비할 일이 생겼고, 말 한마디 표정 하나까지 내 마음에 가시가 되어 박혔다. 사람을 미워하고 시기하는 일은 이렇게나 쉬운 일이었고, 사람을 이해하고 배려하는 일은 얼마나 어렵고 진심이 있어야 하는지를 새삼 깨닫게 되었다.

하루하루가 나에게는 지옥과도 같았다. 손뼉이 마주쳐야 소리가 나듯이 미운 마음도 마주치니 소리가 났다. 서로가 서로를 쳐다보는 눈빛은 물론이고 행동 하나하나가 삐거덕대기 시작했다. 골은 깊어만 갔고 더 이상 한 걸음도 내딛을 수 없을 만큼 관계가 가파르고 험해졌다. 미운 마음은 본래 내 것이 아니었는데 사랑하는 것보다 미워하는 것이 더 쉬웠기 때문에 나는 미워하는 것을 선택했는지도 모른다.

그 순간 이미 나는 없었다. 왜 모든 일들이 내 탓이 아닌 남 탓이 되어야만 하는지 나 자신에게 물었다. 하루 일과를 마치고 방에 들어가 곰곰이 생각했다. 대체 무엇이 나를 이토록 괴롭게 만드는지. 정답은 나에게 있었다. 나는 이미 알고 있었다. 그저 외면하고 인정하기 싫었을 뿐이다.

나를 바꿔보기로 했다. 불안하고 지친 마음을 달래는 것은 늘 상 해왔던 기도뿐이었다. 그저 순간을 모면하려는 방편이 아니라 진심으로 반성하고 달라지고자 했다. 하지만 한번 무너진 돌탑을 쌓기란 여간 힘든 일이 아니었다. 하루하루 차곡차곡 기도의 탑을 쌓아가기 시작했다.

그렇게 쌓여가기 시작한 기도의 탑은 견고한 성이 되었고, 그 어떤 풍파에도 무너질 줄 몰랐다. 봄이 오고 여름이 가고 가을이 되자 그 결실은 열매로 화답했다. 그 열매는 겨울이 되자 땅속으로 스며들어 봄에 다시 싹을 틔웠다.

그랬다. 그 미운 사람의 모습에서 나는 나를 보았다. 잔뜩 찡그리고 미운 감정을 노골적으로 드러내며 상대방을 무시하고 미워하는 마음이 고스란히 나에게 전달되었다. 그날 나는 너무도 미안했다. 미워한 그 사람뿐만 아니라 나에게도 미안했다. 스스로 만든 구렁텅이에 너무나 오랜 시간 나를 가둬둔 것이다.

하지만 한번 깊어진 골을 메우기는 쉽지 않았다. 오랫동안 쌓인 불신의 장벽이 높았기 때문이다. 그러나 서두르지 않았다. 이제 어떻게 해야 하는지 그 방법을 알았기 때문이다. 말 한마디, 행동 하나하나에서 남 탓이 아닌 나에게 뭔가 부족한 부분이 있을 거라고 생각했다.

그렇지만 이 또한 쉽지는 않았다. 지속되는 호의에도 계속되는 상대방의 질시에 나는 조금씩 지쳐갔다. 안 그래야지 하면서도 한편으로는 화가 나기도 했다. '꼭 이렇게까지 해야만 하는 걸까' 하는 생각에 사로잡힐 때도 있었지만 나는 그럴 때마다 마음을 다잡았다. 상대방의 그러한 태도에 반응을 하고 삿된 생각을 가지는 것 또한 아직 깨어 있지 못한 마음 때문인 것을 깨달았다.

때로는 침묵이 방어하기 위한 수단이 아니라 최상의 대화임을 알았다. 상대방의 화난 마음을 가만히 다독이고 들어주는 것이 내가 할 수 있는 최선의 선택이었다.

힘이 들 때면 나는 늘 기도를 한다. '상대방을 누를 수 있는 힘을 주세요. 내일은 제발 좋은 일만 있게 해주세요'라고 기도하지 않는다. '오늘 하루도 삼업(三業)으로 지은 죄 참회합니다. 세세생생(世世生生) 모든 인연들이 성불하기를 간절히 발원합니다' 하고 기도를 한다.

모든 갖가지 일들은 나에게서 비롯된 것이다. 그 모든 잘되고, 잘못 되는 일들은 내가 선택해서 일어난 일들이고 그 인연(因緣)들의 매듭은 내가 풀어야 하는 것임을 이제야 알게 되었다. 진심으로 참회하는 기도 속에서 나는 내가 구하고자 하지 않아도 저절로 채워지고, 내가 버리고자 하지 않아도 저절로 비워졌다.

이런 돌고 도는 우주의 기운은 기도해보지 않고는 절대로 알 수 없는 등불의 진리다. 깨어 있는 나를 보는 것은 신비로운 일이다. 물론 순간적인 성난 마음이 나의 눈을 감게 만들고 나를 잠들게 할 때도 있다. 하지만 금방 정신을 차리고 제자리로 돌아올 수 있는 시간이 점차 빨라지고 쉬워졌다. 그것은 순전히 기도의 힘이다.

어느 출판사에서 기증해주는 「불광」이라는 잡지를 매달 받아서 읽고 있다. 잡지에 소개된 어느 사찰의 나무 기둥에서 날갯짓 한 번 없이도 서서히 옅어져가고 있는 새를 보고서 생각했다.

하루도 빠짐없이 대웅전을 받치고 있는 기둥에서
스님이 두드리는 목탁 소리에 귀를 기울이고,
읊조리는 불경 소리를 들으며 천년을 살면서
스스로를 지우고 있는 새는 어떤 마음일까.

공(空)의 세계에 한 발짝 더 깊어진 나무새는 아마도 성불을 앞두고 있을 테다.

수백 년 동안 정수리에 바위를 이고 있는 마애석불은 또 어떤가. 오로지 침묵 속에서 앉아 있다. 절 마당에서 바라보는 해는 동쪽에서 떠, 서쪽으로 진다. 변함없는 진리다. 그것은 윤회가 아니다. 깨달음의 진리 속에서 죽었다 살았다 반복하는 것이다. 몸속에 있는 묏자리를 알고 있는 것이다.

  나는 그동안 몸속에 있는 묏자리를 몰라보고 엉뚱한 데서 골똘하고 있었다. 잘 벼려진 진리의 칼이 나를 죽이고 살린다. 이제는 두려워하지 않을 것이다. 내가 걷고 있는 이 길이 어디까지 이어져 있고 이어질지는 알 수 없다. 그저 믿고 가는 수밖에 없다. 쉼 없이 걸어갈 테다. 변하지 않는 진리의 길을 따라서 걷고 또 걷다 보면 분명히 그 길 끝에는 가보지 못한, 느껴보지 못한 광명의 등불이 꺼지지 않는 수명으로 빛을 밝히고 있을 것이다.

  어머니는 지금도 변함없이 오전 두어 시간 남짓 창문 밖을 서성이는 햇살에 푸른 경전을 읽어주고 계신다. 어쩌면 지루할지도 모를 읊조림에 오전 햇살이 그만 오후의 해 넘김에 잠식당했을지도 모를 일이다. 하지만 허공을 수놓으며 사각거리는 연필이 여는 구도의 길, 그 길을 따라 차분히 걷는 매일의 산책길은 다시금 오전의 햇살을 창문 밖에 서성이게 할 것이다. 강이 얼어도 꽃이 피는 계절이 오면 어머니는 소금쟁이의 발을 빌릴 필요도 없이 피안의 언덕에 매일 꽃 한 송이를 심어놓고 오신다. 그 꽃은 나를 비롯한 모든 인연들을 위한 꽃일 터.

  나는 아직 어머니 팔을 붙들고 있는 어린아이여서 어머니가 열어놓은 구도의 길을 열심히 따라가고 있다. 그러면서 오직 한 가지 소원을 따라 떼를 쓰고 있다. 어머니가 심어놓은 그 꽃이 내 가슴에 피어나길 바라면서 말이다.

　나는 쉬지 않는 기도의 힘을 이제 안다. 기도, 또 기도는 나를 깨우고 깨닫게 하는 진리의 힘이다. 무명 속에서 마음은 깊어져만 가고 수행자의 삶은 여명처럼 밝아져 온다.

　부처님께 귀의합니다.
　진리에 귀의합니다.
　스승님께 귀의합니다.

교정교화전법단 바라밀상

밝게 빛나는 연등처럼

신○○

부처님께 귀의합니다.
부처님께서 가르쳐주신 진리에 귀의합니다.
부처님의 가르침을 실천하는 승가에 귀의합니다.

희망이 몽실 피어오르는 해 맑은 봄날. 부드러운 햇살을 창가 사이로 만끽하기엔 너무나 아쉬운 마음이 든다. 한 해를 시작하였다 싶었는데 언제 이만큼이나 간 것인지 벌써 4월 중순이 훌쩍 지나 또 새로운 하루를 맞이한다.

나는 잘못된 선택으로 씻을 수 없는 죄를 짓고 징역 22년을 선고받아 세상 밖에서 자주 불러주던 이름 석 자 대신 번호로 불리는 수인의 신세로 어느덧 12년째 살고 있다. 비록 내가 저지른 일이지만 '왜 나에게 이런 시련을 주느냐'고 하늘을 원망하기도 했고,

그냥 모든 것을 포기하고 싶다는 생각이 들기도 했다. 갑작스러운 수형생활은 당혹스러움과 두려움의 연속이었고, 처음 와보는 교도소와 동료 수용자와의 관계 또한 적지 않은 나이에 나로서는 감당하기 어려운 숙제였다. 눈만 뜨면 보이는 철창과 이곳이 교도소라는 생각으로 많이 고통스러웠다. 하지만 이 시점에서 지나온 과거를 반성하며 새롭게 다짐을 해보면서 나를 찾는 시간을 가져보기로 한다.

처음에는 같은 방 사람들의 얼굴 하나하나를 대하면서 마치 그들은 원래 태어날 때부터 이곳 교도소에 오기로 정해져 있었던, 그래서 당연히 들어올 곳에 들어와 있는 죄인이라고 생각했다. 나만 다른 세상에 살다 뚝 떨어져 온 것 같은, 나와는 너무도 어울리지 않는 어색한 분위기에 적응하기가 쉽지 않았다. 그런데 차츰차츰 주어진 환경에 나도 모르게 익숙해졌다.

오늘도 나는 웃는 얼굴로 방 수용자들과 아침 인사를 나누고, 식사를 감사히 받고, 하루 30분 운동 시간을 상쾌히 하면서 나 자신을 응원해본다. 이곳에 와서 많은 것이 변했고, 잃어버린 것들이 참 많다. 하지만 이곳에 오지 않았다면 '내 인생에서 나를 뒤돌아볼 기회나 계기가 있었을까' 싶은 생각도 든다.

나는 진흙 속에서 피어나는 연꽃처럼 스스로를 수양하는 마음으로 하루도 허투루 살지 않으려 노력하고 있다. 이곳은 참고 인내하는 것을 배우는 곳이다. 인욕바라밀, '참을 수 없는 것을 참는다'는 부처님 말씀처럼 오직 참고 인내하고 자기 자신을 지켜내며, 고독하고 외롭고 쓸쓸하지만 깊은 수행을 한다는 생각으로 지낸다. 마음속에 있는 어둠의 그림자들과 탐욕들을 조금씩 버리면서 지내는 하루하루가 행복하다. 아침 새벽 기도로 하루를 시작하고 부처님 말씀대로 깨달음을 위하여 열심을 내고 있다.

하지만 마음 한 켠에는 밖에 계시는 어머님 생각에 걱정이 앞선다. 수인이 된 아들을 만나러 오는 길이 아마도 어머니에게는 무겁고 가슴 아픈 길이 아닐까 생각한다. 접견 때 항상 힘든 내색하지 않으시고 웃음으로 반겨주시는 어머님을 뵐 때마다 내 마음은 더욱 죄송한 마음 가득하다.

몇 년 전, 처음으로 '가족합동접견(가족이 가져온 음식을 먹으며 2시간 동안 담소를 나누는 시간)'을 했을 때다. 이 못난 아들을 한시라도 빨리 보기 위해 접견 장소에 가장 먼저 오셔서 2시간 이상을 기다렸다는 어머니 말씀에 다시 한 번 죄송한 마음이 가득했다. 나는 어머님께 큰절을 올리면서 참았던 감정에 북받쳐 그만 멈출 수 없는 눈물을 쏟아냈다. 절대 어머니 앞에서는 눈물을 보이지 않겠다고 다짐했건만 한순간에 나의 다짐과 약속은 무너지고 멈출 수 없는 눈물을 보이고 말았다.

가족합동접견 내내 어머니 손도 잡아보고, 정성껏 만들어 오신 음식들도 맛있게 먹고 담소도 나누며 뜻깊은 시간을 보낸, 나에게는 최고의 하루였다. 접견이 끝나고 헤어져야 하는 상황에 어머니는 내 손을 잡고 집에 같이 가자며 손을 놓아주지 않으셨다. 마지못해 돌아서는 어머니의 뒷모습은 왜 그리 작아 보이고, 어깨는 왜 그리 좁아 보이는지, 야윈 어머니 뒷모습에 나는 고개 숙여 소리 없는 눈물만 흘렸다. 삶에 힘겨워하는 노인의 모습이 된 것이 모두 내 탓인 것만 같아 가슴이 미어졌다.

나는 3·4급 교도소인 전주교도소에서 지내다 2급으로 승급되어 2023년 4월 6일 군산교도소로 이송을 왔다. 매주 법회 시간마다 부처님 전에 집전을 도맡아 진행하고 있으며, 불교반 봉사대에서 봉사하며 지내는 시간을 좋아한다.

지금은 서예 담당 직원분의 도움과 배려로 좁은 방 안에서도 불교에 관한 글과 그림을 그리며 지낼 수 있어 더없이 행복하다. 열심히 정진하여 교정작품 및 기로 미술협회 명상대전 출품에도 도전해볼 생각이다. 그리고 매일 취침 한 시간 전에는 『법화경』과 참회진언, 광명진언을 사경하며 매일 참회하는 마음으로 하루를 마무리한다.

해마다 초파일이면 이곳 담장 안에서도 봉축 행사가 열리는데,

여기서는 주로 완성된 연등을 사용하고 있다. 나는 나름의 의미를 새기고자 연등을 직접 만들기로 했다. 거친 초지에 풀질하는 일부터 연잎을 한 장 한 장 말아서 만든 뒤 하나씩 붙여 완성한 연등을 보고 있노라면 깊은 감동과 감회가 몰려온다. 연등 하나를 만들기 위해서는 수차례 시행착오와 실패를 거듭하여 제대로 된 연잎을 이어 붙여서 연등을 완성해야 하는데, 이러한 과정들이 마치 내 삶처럼 느껴졌다.

그동안 내 멋대로 살아오면서 수없이 넘어지고 실패하면서 맛본 공허함과 빈 마음들이 부처님께 귀의하여 매일 사경과 독경을 통해 차츰 안정을 찾아가고, 갈피를 잡지 못했던 마음이 어느새 편안함을 얻게 되었듯이 일상에 찌든 나에게 연등을 만드는 일은 너무도 큰 위로와 힘이 되었다. 연잎을 한 장 한 장 만들면서 나의 지난 업보를 씻어내고자 마음을 다하였고, 가족들의 건강과 행복을 기원했다.

매 순간 내가 쌓는 업과 덕이 가족들에게 고스란히 되돌아가게 될 것이란 생각에 작은 것 하나라도 업이 아닌 덕을 쌓기 위해 노력했으며, 나보다는 너와 우리라는 상생의 마음으로써 중생의 깨달음을 위해 놓지 않으셨던 그 소중한 가르침을 다시는 잊지 않도록 내 마음속에 자비 실천의 등불을 밝히고, 수행 정진하는 삶이 되길 간절히 소망했다.

우리는 저마다 '내일'이라는 희망 속에 지금보다 나아질 수 있다는 믿음을 가지고 있다. 지금에 와서 돌이켜보니 후회와 아쉬움이 많이 남는다. 이곳에서 모든 죗값을 치를 수는 없겠지만 이제라도 더 나은 사람이 되기 위해, 더 나은 삶을 살기 위해 노력하는 마음으로 살아가고자 한다.

휴지통이 가득 차면 비워야 하듯이 지금까지 살아오면서 알게 모르게 지은 모든 업을 비우고, 그동안 바쁘다는 핑계로 돌아보지 못한 내 소중한 사람들을 생각하면서 두 번 다시는 똑같은 잘못과 실수를 하지 않도록 다시 한 번 다짐해본다.

이 세상 모든 생명 중 유일하게 생각하는 힘을 가진 우리가 인간으로서 세상을 살아가는 목적은 무엇일까? 그것은 바로 끊임없이 배우고 익히며 하나씩 알아가고 깨달아가며 더 나은 존재가 되기 위해 노력하는 것이 아닐까?

마지막으로 나 스스로에게 작은 위로의 한마디를 건네주고 싶다. "내 삶에 가장 행복한 순간은 아직 오지 않았다"고.

연등처럼 밝게 빛나는
내가 되기를 소망하며…
나무 석가모니불
나무 석가모니불
나무 석가모니불.

| 교정교화전법단 바라밀상 |

무재칠시를 행하는 삶

-
김○○

2023년 5월 30일 진주교도소에 수감된 김○○입니다. 사회에서는 건설 일과 제조업을 병행하며 열심히 살았습니다. 펜데믹 코로나로 인한 불경기와 경기 침체로 내게도 많은 고통이 따랐습니다. 어려움을 피해갈 수 있었으면 좋았으련만 그렇지 못했습니다. 시간이 갈수록 자금 압박에 시달렸습니다. 한순간의 어리석은 판단으로 그만 크나큰 실수를 저지르고 말았습니다.

불자라면 사업을 운영하면서 부족하면 부족한 대로 축소하고 절약하면서 다음 기회를 기다려야 하는데, 무리해서 남의 돈(사채)을 쓰게 되었습니다. 생각대로 일이 잘 진행되었으면 별문제 없이 사업을 이끌어갈 수 있었겠지만 뜻대로 되질 않았습니다. 결국 약속 기일에 돈을 갚지 못했고 사태는 악화일로의 상태에 빠졌습니다. 제조회사는 부도가 났고 채무자가 소송을 걸어서 진주교도소에서 7개월 수형생활을 보내고, 지금은 마산교도소로 이감해 왔습니다.

사업이 망해도 하늘이 꺼질 것 같은 마음은 아니었는데 막상 구속 수감되고 나니 앞이 캄캄했습니다. 사회와 격리되어 아무것도 할 수 없는 몸이 되어버린 암울한 시간들은 지옥과도 같았습니다. 나의 어리석은 행동에 자괴감으로 밤마다 눈물을 흘렸습니다. 아내와 아이들이 보고 싶고, 어머님도 보고 싶고, 나 없는 세상에서 어떻게 살아갈까 하는 걱정과 불안이 썰물처럼 밀려왔습니다. '아, 왜 나에게 이런 가혹한 시련이 닥쳐왔을까?' 하고 하늘에 대고 원망도 했습니다.

몇 날 며칠을 슬픔과 우울증으로 허우적거리며 원망의 늪에서 빠져나오질 못했습니다. 처음 아내가 면회 와서 눈물을 흘리며 안타까워하는 모습을 보는데 어찌나 참담하던지요. 집안에 가장이 없는 상황에서 자신과 아이들을 먼저 걱정해야 할 사람이 오히려 나를 걱정하는 모습에 가슴이 더욱더 아팠습니다.

가슴이 먹먹했지만 담담한 모습으로 나는 괜찮다고, 애들과 당신 먼저 챙기고 어머님께도 걱정하지 마시라고 당부하고 나니 면회 시간 10분이 끝나버렸습니다. 아내와 헤어지고 돌아서 나오는 길에 얼마나 많은 눈물을 흘렸는지, 평생 흘릴 눈물을 다 쏟아낸 것 같습니다.

아내가 몇 차례 더 면회를 오간 사이 저도 아내도 조금씩 생활에 적응해가기 시작했습니다. "여기(수용소)도 사람 사는 곳이니 걱정하지 말고 당신 좋아하는 절에 가서 마음도 좀 다스려라" 하니, 아내가 나에게도 불교 공부하라며 불교 서적이랑 사경 노트 여러 권을 영치해주었습니다. 자기도 열심히 기도드리고 있으니 나 또한 열심히 기도드리라고요. 평소에 우리 부부의 취미생활이 전국 명산과 사찰을 찾아다니며 기도를 하고 초하루가 되면 가까운 절에 가서 부처님께 기도드려왔던 터라, 이참에 책을 보며 공부도 하고 기도도 하기로 했습니다.

아내는 불교대학까지 다닌 독실한 불교 신자였지만 나는 수박 겉핥기식으로 불교를 접하고 있었습니다. 불교계 고승들이 집필한 서적을 한 권 한 권 탐독하면서 불교에 대해 점차 알아갔습니다. 처음에 『반야심경』을 독송하고 나서 108번, 1080번 사경을 했습니다. 그러고 나서 『신묘장구대다라니』를 독송하고 사경을 하며, 이어서 『법화경』, 『금강경』까지 시간 가는 줄 모르고 몰입해서 읽고 썼습니다.

알면 알수록 더욱 심오해지는 불교 공부가 차츰 힘들어질 무렵, 5개월 동안 매주 금요일이면 면회 오던 아내가 오질 않아 걱정이 됐습니다. 그런데 며칠 뒤 초췌한 얼굴로 면회 온 아내로부터 그간의 사정을 전해 들었습니다. 아내가 우울증과 공황장애 판정을 받고 치료를 받느라 서울에 있는 딸에게 가 있어서 그동안 면회도 오지 못하고 편지도 못 했던 것이었습니다. 사실 딸에게는 아빠가 장기간 해외 출장을 간 거라고 속이고 교도소에 있다는 것을 알리지 않았기 때문입니다. 아들딸은 객지 생활하느라 서울에 있고 아무도 없는 집에서 혼자 긴긴밤을 보내야 했을 아내가 얼마나 외롭고 처절했을지 충분히 짐작할 수 있었습니다.

한 번도 내색하지 않던 사람이 울면서 죽고 싶다는 생각이 들어 아파트 베란다에서 뛰어내리고 싶은 충동을 느꼈다는 말에 내 가슴이 철렁 내려앉았습니다. 내가 아는 아내는 늘 쾌활하고 정직한 사람입니다. 그런 아내가 경험하지 않아도 될 일로 고생하고 있다는 걸 알고 참담함에 후회의 눈물만 흘렸습니다. '나로 인해 가장 가까운 사람이 깊은 상처를 입었구나. 나만 괴로운 게 아니었구나' 하는 생각에 몸 둘 바를 몰랐습니다.

외로움과 공허함으로 밤이면 남몰래 눈물 흘리며 후회하고 또 반성했습니다. 그럴 때마다 한문 『반야심경』과 한글판 『신묘장구대다라니경』을 속으로 독송하며 미친 듯이 사경을 했습니다. 깨어 있을 때나 꿈속에서나 '나무아미타불 관세음보살님'을 찾았습니다. 그렇게 7개월을 하고 나니 언제 그랬냐는 듯 우울한 마음이 사라졌습니다.

'아! 이렇게만 해도 마음의 병을 치유할 수 있구나.'

7개월 내내 사경하면서 기도드린 덕분인지, 아니면 부처님의 가피 덕분인지 처음에 받은 징역 5년 구형이 선고 때 징역 1년으로 줄어들었습니다. 아미타불과 관세음보살님이 누구인지도 모르고 부처님을 부르던 지난날과 달리, 이제는 그 뜻을 정확하게 알고 부처님 법을 만나면서 불교의 참뜻을 알아가고 있습니다.『관음경』과『법화경』을 독송하다 보니 자연스레 아미타불과 관세음보살님에 대해서도 배우게 되었습니다.

　요즘은 매일 새벽에 일어나 지금까지 지은 죄를 참회하며 30분간 면벽 수행을 하고, 잠자리에 들기 전에도 30분씩 수행하고 있습니다. 그러는 동안 나에게도 많은 변화가 생겼습니다. 나밖에 모르던 이기적인 성격도 바뀌고 자진해서 궂은일을 찾아 솔선수범해서 일들을 해나가고 있습니다.

　불교 공부를 하다 보니 나도 모르게 무재칠시(無財七施)를 스스로 행하게 됩니다. 얼굴에 온화한 미소를 띠고, 부드러운 눈길을 건네고, 예의 바르고 친절하게 사람을 대하며, 아름답고 공손하게 말을 전하고, 자비심을 가지고 양보하며, 상대방의 마음을 헤아려 베풀려고 노력하게 됩니다. 정말 나도 모르게 자기 성찰을 하게 된 것입니다.

　그렇게도 시간이 가지 않고 잡념들로 너무나 괴로웠던 수감 생활도 벌써 10개월이 지났습니다. 10개월 사이에 변한 내 모습을 보며 나 스스로에게도 칭찬을 해줄 정도로 성격이 완전히 바뀌게 되었습니다.

요즘은 부처님께 기도드리고 나서 앞으로 내가 해나갈 지침들을 정리해서 습관적으로 반복해서 외우고 있습니다.

〈행복한 삶을 위한 나의 지침서〉
1. 아침 일찍 일어난다.
2. 하루 30~60분씩 명상 시간을 갖는다.
3. 1~2시간씩 규칙적인 운동을 한다.
4. 절주한다.
5. 근검절약을 생활화한다.
6. 이룰 수 있는 계획을 철저히 지킨다.
7. 목표를 설정한다.
8. 선택과 집중을 한다.
9. 목표를 달성할 때까지 부단한 노력을 한다.
10. 매일 하나의 화두를 설정하여 몰입해서 풀어나간다.
11. 항상 일을 시작하기 전 끝을 생각한다.
12. 항상 뒤돌아보는 시간을 가지며 자기 성찰의 시간을 가진다.
13. 하루도 빠짐없이 지침서를 실행하는 것을 생활화하고 습관화한다.

14. 부처님 관세음보살님께 감사 기도를 드린다.

이 지침서는 앞으로 사회에 나가서도 하루도 빠짐없이 지켜나갈 나와의 약속이자 소망이며, 날마다 부처님께 엎드려 간절히 기도드리는 내용입니다. 온전한 나의 삶을 성실히 착실하게 잘 살겠다는 약속입니다.

이제는 나무아미타불 나무관세음보살님을 찾아 염불하는 것이 습관화되었고, 틈만 나면 머리에서 입으로, 그리고 마음으로 깊이 의지하고 있습니다. 세상에 나가면 이제껏 살아왔던 잘못된 사고방식과 이기주의적인 성격을 버리고 세상 사람들과 나누며 살 것입니다. 남은 생은 무재칠시를 행하며 아미타부처님과 관세음보살님께 기도하고 약속을 지켜나갈 것입니다.

아울러 나로 인하여 피해를 본 사람들과 가족들 모두 건강하기를 간절히 기도하옵고, 육체적·정신적으로 고통당하고 있는 분들은 고통에서 해방시켜주시옵고, 앞으로 저의 죄를 속죄하고 참회하며 살겠습니다.

나무아미타불 관세음보살
나무아미타불 관세음보살
나무아미타불 관세음보살.

욕망의 누더기를 벗어버리고
훨훨 날듯이 살아가는 사람,
삶과 죽음으로부터 초월한 사람,
맑고 푸르기가 호수 같은 사람,
그는 무한한 예지가 있어
이 세상의 어떤 것에도 물들지 않는다.

_숫타니파타

4부

마음과 부처와 중생은 서로 차별이 없다

| 교육원장상 |

부처님의 정법 제자가 되겠습니다

-

자비화 이란희

바르게 깨달은 분, 대자대비(大慈大悲)로 온 중생을 보호해주시는 부처님께 귀의합니다.

어리석음에서 벗어나 지혜로 향하는 길, 부처님의 가르침인 바른 법에 귀의합니다.

바른 법에 의지하여 불도(佛道)에 물러섬이 없는 승가에 귀의합니다.

시작도 끝도 알 수 없는 윤회의 흐름 속에서 무수히도 많은 생을 건너왔습니다. 헤아릴 수 없는 삶을 거치며 몸으로, 입으로, 마음으로 온갖 불선한 행위를 지었습니다. 지금에 이르기까지 저의 잘못된 행위로 고통과 슬픔을 겪은 가족, 친지, 스승님, 친구와 동료, 지인들과 모든 존재들에게 머리 숙여 용서를 구합니다. 지난 세월 제가 지어온 잘못을 진심으로 참회하고 또 참회합니다.

이 몸 받을 때마다 욕심과 미움, 어리석음에 눈이 멀어 스스로를 다치게 했습니다. 내 안에 있는 고귀한 성품을 바로 보지 못하고 남과 비교하면서 내 자신을 무가치하게 여겼습니다. 나의 뜻과 다르다는 핑계로 상대방을 험담하고 미워했습니다. 타인을 향한 미움이 내 안에 있는 친절함을 스스로 짓밟는 행위라는 것을 모르고 살았습니다. 편하고 쉬운 길로만 가려고 했던 나태함은 무명(無明)을 더욱더 짙어지게 했습니다. 불법을 따르기 위해 받은 육신임에도 불구하고 함부로 대했던 지난 생을 참회하고 또 참회합니다.

그동안 윤회의 고리를 맴돌면서 희로애락(喜怒哀樂)에 빠져 무수히도 많은 시간을 허덕였습니다. 지금도 윤회의 흐름에 놓여 있지만 좌절하거나 절망하지는 않습니다. 부처님, 부처님의 가르침, 바른 법에 의지한 승가를 다시 만났기 때문입니다.

나로 인해 다른 존재들이 더 이상 고통받지 않도록 악업을 여의는 삶을 살겠습니다. 부처님께서 천명하신 향상하는 존재로 나아갈 수 있도록 선업을 증장시키는 삶을 살겠습니다. 부처님의 가르침에 따르며 살아가는 것이야말로 삼보(三寶)를 다시 만난 감사함에 보답하는 길입니다. 어렵게 다시 만난 불법 인연을 놓지 않도록 부처님의 정법에 따라 부처님의 정법 도량에서 부처님의 정법 제자가 됨을 세상에 선언합니다.

　이 마음은 세상을 향한 불만족스러움으로 가득 차 있습니다. 그러나 불만족스러움, 어긋남, 괴로움이 세상의 전부는 아니라는 가르침을 마음속 깊이 새기겠습니다. 일어나고 사라지는 마음이 무엇에서 기인했는지 살피면서 바른 견해를 갖추겠습니다. 부처님께서 세상을 향해 첫 번째로 선언하신 가르침, 사성제(四聖諦)의 이치에 따라 팔정도(八正道)로 걸어가는 삶을 나의 길로 여기겠습니다.

　매 순간 부처님께서 설하신 법들에 눈과 귀를 기울이고 이해하며 받아 지니겠습니다. 인(因)과 연(緣)에 의하여 과(報)가 생겨난다는 연기(緣起)의 가르침을 숙고하고 또 숙고하겠습니다. 일어나는 모든 일들은 스스로가 지은 행위의 과보입니다. 세상을 탓하는 마음보다는 내가 지닌 선함에 주의를 기울이겠습니다. 인연에 의해 흘러가는 세상을 겸손하게 바라보면서 아만심, 자만심에 물들지 않겠습니다.

　모든 존재들을 향해서는 진실한 마음을 갖겠습니다. 지금의 나는 내 힘만으로 존재하지 않습니다. 아주 먼 과거, 그 이전의 과거 … 헤아릴 수 없는 시간을 거쳐 헤아릴 수 없이 많은 인연들의 도움으로 이 자리에 있습니다. 지금은 모두 잊히고 사라진 기억이지만 그들과 주고받은 눈빛, 이야기들은 나의 몸과 마음 안에 겹겹이 쌓여 있습니다. 지금의 '나'로 온전하게 살아갈 수 있도록 마땅히 곁을 내어준 모든 존재들에게 감사합니다. 내 안에는 언제나 그들이 함께하고 있으며, 우리는 둘이 아님[不二]을 잊지 않겠습니다.

대자대비하신 보살님들의 발원은 부처님의 정법 제자가 반드시 닮아가야 할 삶입니다.

일체 모든 현상을 불법으로 바라보면서 나와 남을 모두 살리는 문수보살님의 지혜, 그분의 보리심을 갖추겠습니다. 보현보살님의 행원력을 내 마음에 아로새깁니다. 발원하는 이 마음은 허공계가 다하고, 중생계가 다하고, 중생업이 다하고, 중생의 번뇌가 다할 때까지 결코 변치 않을 것입니다. 언제나 늘, 한없는 자비심으로 중생들을 굽어살피시는 관세음보살님, 그분의 온화한 시선과 온기 가득한 두 손을 닮아가겠습니다. 중생의 고통을 자신의 고통으로 받아들이며 중생구제만을 행하시는 지장보살님, 그분의 아름답고 수승한 대원(大願)을 나의 원(願)으로 삼겠습니다.

무엇보다 불보살님의 고결한 성품[佛性]이 나에게도 이미 갖춰져 있다는 믿음을 절대로 잊지 않겠습니다.

피어난 꽃은 시들게 마련이고, 낮과 밤은 머물러 있지 않습니다. 그리고 삶은 마지막을 향해 달려가고 있습니다. 어리석음에 휩쓸려 또다시 괴로움에 빠져들더라도 다행히 나에게는 귀의처가 있습니다. 세상을 보호하려고 애쓰시며 큰 위신력으로 두려움을 없애 주시는 부처님, 부처님의 가르침만을 의지하겠습니다. 그리하여 내가 누리는 평안과 행복을 모든 존재들을 위해 회향하겠습니다. 모두의 낮과 밤이 안녕하기를, 낮과 밤 그 사이도 평안하기를 기도하고 또 기도하겠습니다.

부처님의 정법에 따라 기필코 윤회의 고리 끊고, 모든 존재들과 함께 해탈 성취할 수 있기를 간절히 청하옵니다. 부디 저와 모든 인연들을 보호하여 주시고, 지켜 주시고, 인도하여 주소서. 저 또한 부처님과 같이 귀 기울이는 많은 이들의 이상과 이익과 행복을 위하여 살아가기를, 지극한 마음으로 발원합니다.

나무 석가모니불
나무 석가모니불
나무 시아본사 석가모니불.

일상발원실천회 회장상

날마다 기도하기 좋은 날

보현화 이미례

사바세계 인연 아닌 것 없고, 먹구름 거치니 봄날의 아기 햇살은 맑게 웃는 부처님 모습입니다. 만물의 영장이신 삼보님께 합장하옵니다.

바다와 같이 깊고 넓은 마음으로 살라는 대자대비 관세음보살님의 자비희사 의미를 아미타부처님을 친견하신 102세 나의 어머니를 통해서 배웠습니다.

고스란히 안고 가야 했던 기나긴 통증의 시간은 우주 만물의 세포 하나하나까지 꿰뚫어 보라는 메시지였습니다. 이제는 모든 것이 선지식의 옷깃입니다.

어느 날 우주에 날아든 입자 하나. 생명의 에너지 되어 부처님 말씀에 귀 기울이며 매서운 바람 지나 새벽이슬 털며 새벽예불 다닌 나날들. 1천 탑을 쌓듯 근본 자리를 찾아가는 시간이었습니다.

지치고 힘이 들 때도 42년 전의 초발심의 마음 잊지 않고 자유로움 속에 평정심을 얻었으니, 날마다 수행하기 좋은 부처님과의 인연에 참으로 감탄하나이다.

삼학에 힘쓰며 육바라밀을 근본으로 삼아 팔정도에 의지하니, 부처님 감로법에 마음 들켜 눈물 훔치던 작은 떨림도 가벼이 여기지 않겠습니다.

실바람 불면 금방이라도 날아갈 것 같은 마음에도 근육이 생겨 삼독심의 갈애에도 인욕 정진이니, 참된 부처님의 전법 따라 작은 것부터 실천하겠습니다.

처처가 부처이기에 어느 곳에 있어도 주인이 되어 어둠을 밝히는 혜안의 손길로, 관세음보살님의 마음으로 다가가는 포근한 포교사가 되길 서원합니다.

이 세상에서 가장 위대하고 존귀한 부처님.

수행 정진하는 소소한 일상에서 순간순간을 알아차리며 깨어 있는 맑은 정신으로 헛된 시간 되지 않기를 서원하나이다. 일일시호일, 염불, 경전 독송, 법회, 일과 나눔(차, 명상, 식사 나눔 등), 봉사 활동을 나의 호흡처럼 여기겠습니다.

지금 이 순간 가장 편안하고 텅 빈 충만. 내 육신을 내어준다 해도 두렵지 않다는 생각이 듭니다. 2시 반 기상나팔이 0.8평 텅 빈 충만의 소리로 울려 퍼집니다. 부처님, 오늘도 기도하기 참 좋은 날입니다.

발걸음은 구름 위에서 부처님의 법륜을 굴리고 법당 안 향내음은 감로수 되어 극락정토를 이루니, 한 생의 업장이 탈피되어 깃털처럼 가볍습니다.

도량에 만발한 꽃과 새들이 기지개를 켜고 풍성한 하루의 아침을 열어줍니다. 오늘 하루도 마음이 가난한 이웃들에게 그 공덕을 함께하나이다.

나무 석가모니불
나무 석가모니불
나무 시아본사 석가모니불.

일상발원실천회 바라밀상

자비심으로 영롱한 불국토 이루길

보현행 배수선

바람이 손을 내저을 때마다
푸른 산이 뭇 생명으로 들썩이고,
무심히 건드려 놓은 시간에
천년의 업보가 깨어납니다.

광명의 부처님이시여!
몸 안으로 번지는 세속의 미망을 한껏 털어
무릎 꿇고 당신 앞에 나아갑니다.
세상 밖 깊은 어둠을 문지르며,
우리의 삶을 인도할 지혜를 구합니다.

갈라진 땅, 가닥진 마음에

평화의 씨앗을 뿌릴 수 있는 힘을 주시고
침묵과 두려움 속에 고통받는 이들을 위해
대자대비한 당신의 손길로
위안과 빛을 가져오길 바랍니다.

부처님의 가르침이
수미산의 꼭대기에서 타고 내려와
갈등으로 엉킨 서로를 형제자매로 끌어안고,
화합과 사랑이 환한 꽃 종지에
가득 담기게 하소서.

부처님, 지혜로우신 분이시여!
이 나라의 지도자들에게 사심 없이 봉사하는 용기와
겸손의 미덕을 심어주소서.
그들이 정직과 연민으로 통치하고,
우리 민족을 정의로운 방향으로 이끌게 하소서.
그리하여 분단의 사슬을 끊고
남과 북의 산과 강이 만나고 하늘과 바다가 만나
완전한 어울림이 되게 하소서.

부처님, 자비로우신 분이시여!

우리는 존경과 두려움으로 당신 앞에 나아갑니다.

천지만물은 그대로 두면 넉넉합니다.
지구는 탐욕의 무게로 짓눌려 있습니다.
인류가 땅과 공기와 바다를 황폐화하는
무거운 걸음을 멈추고
생명 평화의 길로 함께 들어서게 하소서.

자연의 무상한 경지를 받들어 조화롭게 살고
연약한 생명의 그물을 보호하며
모든 종(種)이 제자리를 찾아
무애자재한 묘덕(妙德)에 이르도록
당신의 심오한 가르침이
우리를 거침없이 깨어나게 하소서.

부처님이시여!
이제 원컨대 지난 업보는 걷어내고
이 세상에서 무량한 선근(善根)을 닦아
작은 공덕 하나라도 이웃과 나누고,
은혜를 아는 깨끗한 믿음으로
그림자처럼 복된 갚음과 베풂을 실천하게 하소서.

그리하여 신심 깊은 불자들의
무량한 이타행(利他行)으로 세상을 덮어
부처님께서 발현한 중생구제 자비심이
마침내 극치에 닿아
영롱한 불국토를 이루게 하소서.

일상발원실천회 바라밀상

반야 지혜의 문을 열어주시옵소서

반야행 송병화

지혜와 자비 구족하신 거룩하신 부처님,
두 손 모아 지극정성으로 발원하옵니다
거센 추위 견뎌내고 당당하게 움트는 새싹처럼
오늘의 고난을 디딤돌 삼아 희망의 꽃 피울 수 있도록
불굴의 용기와 가호를 내려주시옵소서
일체중생의 스승이신 위대한 부처님,
어리석어 어둠 속을 헤매는 중생이
생사가 무상함을 알아 집착에서 벗어나도록
반야 지혜의 문을 열어주시옵소서
항상 내가 머무는 곳이 극락이며
일체의 번뇌나 망상을 버리고 무심으로 살 수 있도록
지혜 광명의 손길로 이끌어주시옵소서

채워가는 만족보다 덜어내는 기쁨이 행복이며
이웃과 나누며 보시하는 공덕을 짓도록
존엄하신 위신력을 베풀어주시옵소서
바른말과 바른 행동으로 살아가며
칭찬이나 비난에 물들지 않고 마음을 바로 보아
내 안의 불성을 올바로 찾게 하소서
이슬 먹고 사는 꽃잎이 물방울에 젖지 않듯이
세속에 살면서도 유혹에 물들지 않으며
금강역사의 강건함으로 자신을 지키게 하소서
마음속 어둠을 밝히고 자비의 씨앗을 키워
지혜 충만하여 해탈의 열매 맺고
부처님 품 안에서 행복 누리며 살게 하소서

나무 석가모니불
나무 석가모니불
나무 시아본사 석가모니불.

| 발원문 특별상 |

불교를 실천하는 참사람 되겠습니다

-
김○○

삼라만상의 참스승이시며 복덕과 지혜를 두루 갖추신 부처님께 귀의하오며 경건하고 진솔한 마음을 담고 모아서 엎드려 발원 올리옵나이다.

갈수록 힘들고 어렵다고 한숨 짓는 작금의 현실 속에서 이타적인 마음과 행동으로 세상을 이롭게 하며 가치 있는 삶을 살아가야 당연하고 마땅허건만, 우리 수용자들은 과거의 몽매하고 어리석은 잘못으로 인해 그 죗값을 지금 달게 받고 있습니다.

매일매일 후회와 반성 속에서 마른 눈물 흘리며 나락의 끝자락에서 참회 또 참회하고 있습니다.

만고 불변의 진리를 알려주신 고귀하신 부처님,
누군가를 향한 미움과 원망, 실패한 기억과 쓰라린 상처들이 겹치고 더해져 케케묵은 마음속 껍질에 갇혀 지내고 있습니다.

　길고 긴 세월이 흐르고 흐르면서 우리의 편견과 두려움으로 죄책감도 지나간 세월의 무게만큼 짓눌려 쌓인 것 또한 사실입니다.

　이 모든 것들이 가슴 아리고 가슴 아픈 상처일 수도 있고 부끄럽고 아름답지 못한 비참하고 처절한 기억일 수도 있습니다.

　대자대비하신 부처님,
　세속적 속물인 우리는 갈망하고 있습니다.
　부처님의 한량없는 자비하신 위신력이 우리 수용자들에게 골고루 전달되어 인과의 법칙으로부터 업장 소멸되어 벗어날 수 있기를 간절한 마음으로 발원 올리옵나이다.

　존귀하신 우리의 부처님,
　아직도 탐진치의 그림자에서 벗어나지 못해 방황하는 헛된 마음을 바로잡아주시고, 인간다운 삶과 가치 있는 삶을 영위해갈 수 있도록 끊임없는 부처님의 가피와 자비 내려주소서.
　지금 수형생활을 하고 있는 이곳 교도소가 인생 막장의 밑바닥이 아니라 슬기로운 혜안과 삶의 지혜로 보다 성숙된 영혼을 확인하고 부족한 인성을 채우며, 욕심과 탐욕, 어리석음이 넘쳐났던 많은 것들을 비워낼 수 있는 소중하고 가치 있는 삶을 향한 새롭게 시작하는 출발점이 되기를 몸과 마음을 다 바쳐 부처님께 발원 올리옵나이다.

위대하고 숭고하신 부처님,
육신이 고단하고 피곤에 지쳐도 마음의 힘으로 계속 정진할 수 있도록 해주시고, 마음마저 지치면 부처님께 의지하는 믿음의 힘으로 한발 더 나아갈 수 있음을 알게 해주소서.
불자로서 지킬 수 있는 계율은 꼭 지키며 일희일비하지 않는 언행으로 실천하는 불자로서 후회 없는 삶 추구하게 일깨워주시옵소서.

부처님,
잠시 제 마음을 흔들고 지나가는 근심과 역경에 굴복하지 않고 매 순간이 마지막 순간인 것처럼 성실하게 참회하며 살겠습니다.
나 자신을 증오하지 않고 가치 있고 소중하게 생각하며 혼자 있는 곳이라도 자신을 속이지 않겠습니다.
열린 마음으로 세상을 바라보며 부처님의 가르침에 따라 이타적인 생각과 긍정적인 시각으로 고맙고 감사한 마음으로 진솔하게 가치 있는 삶 살겠습니다.
어렵고 힘든 모든 근심들이 오히려 나를 성장시키고 탄탄하게 만드는 단련의 장소요, 수련 과정이라고 생각하며 오늘도 끊임없이 참회하며 불교를 믿고 불교를 공부하며 불교를 실천하는 참사람이 되겠습니다.

　삼계의 도사이시며 사생의 자부이신 위대하고 거룩한 부처님의 힘과 진리의 말씀이 우리와 영원토록 함께하여 주십사 진솔한 마음으로 엎드려 발원 올리옵나이다.

　나무 석가모니불
　나무 석가모니불
　나무 시아본사 석가모니불.

발원문 특별상

진흙탕 같은 사바에서
연꽃으로 피어나기를

관법 김민성

강물과도 같이 과거도 미래도 아닌 현재라는 그 영원함 속에 어디에나 깃들어 계신 광명의 존재 부처님이시어!
　열반에 이르렀음에도 중생의 고통에 마음 일렁여 열반에 머물지 못하고 저희를 교화하시는 보살님이시어!
　어린아이와도 같이 욕망을 앞세우며 스스로 고통을 마주하는 저희들은, 진흙탕과도 같은 이 사바에 연꽃을 피우길 원하옵니다.
　사리에 어둡고, 욕망에 이끌려 쾌락과 권세의 늪에서 발버둥 치며 더 깊이 빠져드는 저희를 자비의 꽃 위에서 평안을 누리게 하소서.
　스스로 무지함을 깨닫고, 가르침을 받아들일 준비를 하여 부처님의 길을 따르길 원하오니, 저희들이 복덕을 갖출 수 있도록 인도하여 주소서.
　이 발원으로 하여금 세상 만물이 제 불성을 깨닫고, 하나로 이

어짊에 눈을 떠 모두가 서로의 눈부처가 되어 연꽃이 만개할 수 있도록 지혜의 빛을 발하여 주시옵소서.

거룩하신 부처님께 귀의하옵니다.

나무 마하반야바라밀
나무 마하반야바라밀
나무 마하반야바라밀.

| 총평 |

찐불자의 절절한 신행담에 큰 감동

황정일(동국대학교 대우 교수)

조계종 중앙신도회가 주최하고 법보신문과 불교방송이 공동 주관한 '제11회 신행수기·발원문 공모'에는 300여 편의 신행수기와 발원문이 접수됐다. 심사는 1차 예심을 거쳐 본심사에 오른 50편 가운데 우선 31편을 선정하고, 그중 등위별로 수상작을 나누는 방식으로 진행됐다. 심사의 기준은 진정성과 감동, 구성과 회향이었다. 기준에 따라 심사위원들이 1차 선정, 2차 윤독, 3차 토론 및 합의를 통해 최종 31편을 선별하고 등위별로 수상자를 선정했다.

  선정된 작품을 보면, 우선 신행수기답게 놀라운 신행력들이 돋보인다. 그렇다고 해서 '내 신행이 이렇게 대단해요'가 아니었다. 그렇게 할 수밖에 없었던 절절함과 사무침이 마음을 '짠'하게도, '찡'하게도 하는 글들이었다. 특히 자신을 향했던 신행이 타인에 대한 자비희사의 사무량심(四無量心)으로 회향하는 모습은 모든 불자들에게 깊은 감명을 주기에 부족함이 없었다.

이러한 심사를 거쳐 선정된 수상작 가운데 대표적인 작품을 살펴보면 이 같은 감동을 더욱 뚜렷이 확인할 수 있다. 우선 대상인 총무원장상을 받은 강현주 불자의 〈영가시여, 극락왕생하소서!〉는 위에서 언급한 총평에 가장 부합하는 글이 아닌가 싶다. 즉 신행이란 '나'와 '나의 가족'만을 위한 것이 아니라, 이름도 얼굴도 모르는 영가의 극락왕생을 빌어줄 수 있는 이타심의 발로임을 자신의 체험을 통해 잘 담아냈다.

최우수상인 포교원장상을 받은 백희인 불자의 〈화두선 명상 수행을 하면서〉는 한때 교회 집사였지만 불자로 거듭나는 과정을 인생의 궤적에 따라 잘 그려낸 글이다. 더욱이 일상에서의 화두일념 신행을 잘 풀어내고 있다.

중앙신도회 회장상을 받은 이경임 불자의 〈녹색 할머니의 춘음〉은 불자의 삶이 어떠해야 하는지를 잘 보여주는 글이다. 특히 남편을 '남편 부처님', 딸을 '딸 부처님'이라고 부르거나 만날 때마다 서로 삼배한다는 글은 뭉클한 감동을 주었다.

법보신문 사장상을 받은 장윤선 불자의 〈질끈 감았던 눈을 떴을 때〉는 어릴 적 겪었던 가정폭력의 트라우마를 불교의 명상을 통해 극복하는 과정과 국제포교사 활동을 통해 회향하고자 하는 마음을 잘 전해주고 있다.

불교방송 사장상을 받은 손예원 불자의 〈부처님 말씀 있는 그 자리가 내 삶의 찬란한 봄이다〉도 50대 이후에 갑자기 찾아온 공황장애, 뇌하수체 종양, 하트 번(heart burn)과 같은 정신적 문제를 명상으로 극복해가는 과정과 명상이 깊어짐에 따라 신행 역시 깊어짐을 상세히 보여줬다.

재소자들이 쓴 신행수기를 보면, 한결같이 재소자가 된 과정과 그에 따른 절절한 후회, 참회의 내용으로 채워져 있다. 그러므로 글 자체를 통한 변별력은 그다지 크다고 할 수 없다. 그럼에도 교정교화전법단 단장상을 수상한 〈삶이 세상에 미치는 영향〉은 후회와 참회를 넘어 회향을 담고 있다는 점에서 수상작으로 선정하는 데 심사위원들의 뜻이 모아졌다.

신행수기 공모는 불자들의 지극한 신행·기도 이야기를 나누고, 그 의미를 공유하기 위해서다. 또한 일체의 고통과 갈등을 극복한 이야기를 널리 전함으로써 꿈을 잃고 실의에 빠진 국민과 불자들에게 희망을 주고 힐링의 메시지를 전하고자 함이다. 이러한 취지에 공감한 300여 명의 '찐불자'들이 기꺼이 글을 보내왔다. 하나같이 소중하고 귀한 옥고였지만, 부득이 순위를 매길 수밖에 없었음을 혜량해주시길 바란다.

| 총평 |

향상일로(向上一路)하는 정진의 삶을 응원합니다

고명석(전 불교사회연구소 연구원)

발원하는 삶이 있는가 하면, 업에 끌려가는 삶이 있다. 이를 원생(願生)과 업생(業生)이라 한다. 원생은 장애를 뛰어넘어 나 자신과 해탈의 문을 열지만, 업생은 업에 끌려가며 원망하고 후회하며 스스로를 닫는다. 『화엄경』에 "원력은 죽은 이후에도 남아 그를 정토 왕생으로 이끈다"고 했다. 사후에도 업에 끌려가지 않을 정도로 원력은 우리의 삶을 아름답게 물들이고 앞날을 밝힌다.

올해 발원문 공모는 다른 해보다 응모한 편수가 많았으며 내용도 깊어지고 소재도 다양해졌다. 심사를 하면서 하나하나 갸륵한 마음을 살피지 못한 건 아닌지 뒤돌아보며, 입상 작품 중 그 우선순위를 정하기 힘들었다는 점을 고백한다.

교육원장상에 이란희 불자의 〈부처님의 정법 제자가 되겠습니다〉를 선정했다. 발원문의 형식을 잘 갖추고 있고, 무엇보다도 자신의 부끄러운 민낯을 가감 없이 드러내며 참회하는 모습에서 내 마음을 들킨 듯했다. 모든 존재를 연기적 통찰력으로 보듬어 나와 너, 낮과 밤 사이의 경계까지 품어 안으려는 깊은 자비심, 보살들의 별원을 나의 발원으로 치환하여 주체적으로 이 세상을 살아내려는 표현력이 돋보였다. 그 대목을 소개해보고자 한다.

"언제나 늘 한없는 자비심으로 중생들을 굽어살피시는 관세음보살님, 그분의 온화한 시선과 온기 가득한 두 손을 닮아가겠습니다. 중생의 고통을 자신의 고통으로 받아들이며 중생구제만을 행하시는 지장보살님, 그분의 아름답고 수승한 대원(大願)을 저의 원으로 삼겠습니다."

일상발원실천회 회장상 수상작에는 이미례 불자의 〈날마다 기도하기 좋은 날〉이 결정됐다. 우선 문장의 결과 무늬가 선하고 곱다. 마음의 근본 자리를 찾기 위해 초발심을 잃지 않고 새벽예불을 잊지 않고 다니며 기도·정진하는 모습이 아침 햇살처럼 반짝거린다.

"어느 날 우주에 날아든 입자 하나. 생명의 에너지 되어 부처님 말씀에 귀 기울이며 매서운 바람을 지나 새벽이슬 털며 새벽예불 다닌 나날들. 1천 탑을 쌓듯 근본 자리를 찾아가렵니다."

나아가 포교사로서 본분을 지키며 주인공 자리에서 하루하루

봉사하고, 깨어 있는 삶의 중요성을 강조하며 지금 죽는다 해도 두렵지 않을 정도로 정진하고 살겠다는 대목이 찌릿했다.

일상발원실천회 바라밀상 수상작은 송병화 불자의 〈반야 지혜의 문을 열어주시옵소서〉와 배수선 불자의 〈자비심으로 영롱한 불국토 이루길〉이 당선됐다. 송병화 불자의 발원문은 담백하면서 강렬했고 간결하면서도 깊이가 있었다. 절제된 표현력으로 지혜의 체득, 이웃에 대한 보시 공덕, 자신을 살피는 강건함, 그리고 해탈의 열매로 일상의 행복한 삶을 발원하고 있다.

배수선 불자의 발원문은 고통받는 이웃에 대한 위안, 남과 북의 어우러짐, 민족의 화합, 생명 평화 등으로 불국토 실현을 발원하고 있다. 흔히 볼 수 있는 내용의 발원문이지만 운율과 문체가 아름다웠고, 시적 언어로서의 묘미와 표현력이 뛰어났다. 그 말의 깊이는 심사위원들의 마음을 흔들기에 충분하다.

벌써부터 내년에는 발원문 응모가 더 풍성해질 듯해 들뜨는 기분이다. 우리 불자들 모두 자신의 발원문을 써보시고 아침 일찍 일어나 기도·수행하며 그 발원문을 읽고 마음을 창조적으로 향상일로하길 바란다. 죽음도 어쩌지 못하는 그 길로.

신행수기·발원문 공모 안내

불자님들의 지극한 신심과 가피 이야기를 담은
신행수기·발원문 공모는 해마다
부처님오신날을 앞두고 진행됩니다.

공모 기간
매년 1월 1일부터 4월 30일까지

공모 자격
조계종 신도증을 소지한 불자님

공모 메일
sugi@beopbo.com

문의
법보신문 02)725-7014